2 जी स्पेक्ट्रम

जोगिन्दर सिंह

(पूर्व सी.बी.आई. निदेशक)

प्रकाशक : **डायमंड पॉकेट बुक्स (प्रा.) लि.**
X-30, ओखला इंडस्ट्रियल एरिया, फेज-II
नई दिल्ली-110020
फोन : 011-40712200
ई-मेल : sales@dpb.in
वेबसाइट : www.diamondbook.in

संपादक : एम.आई. राजस्वी

2G SPECTRUM
by : Joginder Singh

प्रस्तावना

हिंदी की अनेक ऐसी लोकोक्तियां हैं, जो सीबीआई द्वारा कई केसों की छानबीन करने के संबंध में लागू होती हैं। इन्हीं में से एक पुरानी हिंदी फिल्म का शीर्षक है 'चोर मचाए शोर'। यहां चोर न केवल चोरी करते हैं, बल्कि पहले चोरी करते हैं और फिर सीनाजोरी से भी बाज नहीं आते। हिंदुओं के सर्वोत्तम ग्रंथ गीता की कई सीखों में से एक यह भी है कि यह सबसे बड़ा आश्चर्य है कि लोग दूसरों को मरते हुए देखकर भी खुद मौत के पंजों से बच जाने की गलतफहमी पाले रहते हैं या सोचते हैं कि मौत उन्हें छोड़कर निकल जाएगी। ठीक यही बात सभी घोटालेबाज और अपराधी भी सोचते हैं कि वे अपने हत्या के अपराध एवं दुष्कर्मों से बच जाएंगे और उनके दुष्कृत्य कभी लोगों के सामने नहीं आएंगे।

इसमें कोई संदेह नहीं है कि एक के बाद एक हो रहे नये-नये घोटालों ने हमारी राजनीतिक व्यवस्था को छिन्न-भिन्न कर दिया है। अंतर मात्र इतना है कि नित नये हो रहे घोटालों के आगे पुराना घोटाला थोड़ा छोटा लगता है। 1996 में हुआ टेलीकम्युनिकेशन का घोटाला, जिसमें तत्कालीन संचार मंत्री की संलिप्तता थी, आज के 2 जी स्पेक्ट्रम घोटाले के आगे मामूली-सा लगता है। पहले की तरह के एक या दोहरे अंकों तक के हजारों रुपयों के घोटालों के दिन अब लद चुके हैं अब यह स्थान करोड़ों रुपयों के घोटालों ने ले लिया है। यह युग हजारों करोड़ के घोटालों का युग है। इसका श्रेय निश्चित रूप से सीबीआई को दिया जाना चाहिए, जो कि इनका पर्दाफाश करने का काम कर रही है। यह ठीक है कि नेतृत्व सर्वोपरि होता है, लेकिन सच यह है कि महत्त्वपूर्ण मामलों को टीमवर्क से ही सुलझाया जा सकता है।

यह भी एक कड़वा सच है कि सरकार खुद ही एक समिति या आयोग का गठन करके इस प्रकार के मामलों को समाप्त कर देती है, लेकिन सर्वोच्च न्यायालय इन मामलों का सीधे निरीक्षण करता है। दो सालों से मीडिया में शोर

मचा रहा था, जब तत्कालीन संचार मंत्री को हटाया गया था। मामले की जांच हुई, चार्जशीट तैयार की गई और मुख्य आरोपी को पहले सीबीआई हिरासत में और फिर न्यायिक हिरासत में भेज दिया गया। समय-समय पर कई रहस्योद्घाटन सामने आने के बावजूद 2004 में एनडीए सरकार द्वारा सुरक्षा का घेरा तैयार किया गया, जहां जरूरत थी कि सीवीसी कानूनों के तहत संयुक्त सचिव स्तर के अधिकारियों के विरुद्ध जांच से पहले केंद्र सरकार की सहमति मिले। इसके अलावा यह भी देखने वाली बात है कि मामले की जांच के लिए अभियोजन की अनुमति मिलनी चाहिए थी, लेकिन इससे पहले ही मामला खत्म हो गया।

इस पूरे मामले पर एक दोस्त ने मजाक करते हुए कहा था कि सीबीआई मात्र चपरासियों, क्लर्कों और सहायकों पर कार्रवाई करने के लिए स्वतंत्र है। सच्चाई यह है कि सीबीआई की शक्ति को मात्र 6000 तक सीमित कर दिया गया, जो कि कुल रिक्तियों का केवल 30 प्रतिशत है। सच तो यह है कि सीबीआई को ज्यादा आजादी देकर संवैधानिक निकाय बनाने के लिए किसी ने कोई प्रयास नहीं किया जैसा कि चुनाव आयोग या संवैधानिक कोर्ट हैं।

आजकल सरकार बनाने के लिए एक नये तरह का सिद्धांत लाया गया है, जिसे गठबंधन धर्म का नाम दिया गया। स्पष्ट शब्दों में कहा जाए तो इसका मतलब यही है कि गठबंधन के सहयोगियों के किसी मंत्री पर कार्रवाई नहीं करने की मजबूरी, जिसके सहयोग से सरकार चल रही है। इसी सोच के कारण सहयोगी दलों को राष्ट्रीय खजाने को अपना पॉकेट समझने का लाइसेंस मिल जाता है। यह आश्चर्य की बात है कि दो दर्जन सदस्यों वाली कोई पार्टी कैसे अपने से 9 गुना शक्तिशाली पार्टी को किनारे कर सकती है। वहीं दूसरी ओर जब सरकार न्यूक्लियर बिल पास कराना चाहती थी, तो उसने 50 सांसदों वाली वामपंथी पार्टी को भी किनारे करने में परहेज नहीं किया।

हालांकि वर्तमान हालात में विभिन्न सरकारों की स्थिति देखते हुए इसमें कोई आश्चर्य वाली बात नहीं है, क्योंकि सभी सरकारें चाहे वे राज्यों की हों या केंद्र की, भ्रष्टाचार के मुद्दे पर मौन धारण किए हुए हैं। यह मीडिया ही है जिसे निश्चित रूप से इसका श्रेय मिलना चाहिए कि किसी भी प्रकार के भ्रष्टाचार को सामने लाने से पीछे नहीं हटती और अपने कर्तव्यों का निर्वाह बखूबी कर रही है। सच्चाई यह है कि भारत में अमेरिका की तरह कानून नहीं है कि कांग्रेस को प्रेस की आजादी रोकने के लिए कानून बनाने

का अधिकार हो। सबसे बड़ी गलती होती है एक आदमी द्वारा अपने आपको गिराना, जैसा कि संचार मंत्री व प्रधानमंत्री के बीच का संवाद दिखाता है। सरकार को यह बात ध्यान रखनी चाहिए कि ईमानदारी और बेईमानी के बीच कोई एक निश्चित सीमा नहीं होती। जो इस खतरनाक धरातल पर चलने की कोशिश करता है, वह कभी एक साइड में होता है और कभी दूसरी साइड की ओर। राजनेताओं को इस अर्धसत्य के प्रति सावधान रहना चाहिए। हो सकता है उन्होंने गलत और अधूरे रास्तों पर अपनी पकड़ बना रखी हो। ईमानदारी अपनी कीमत मांगती है, लेकिन यह इतनी भी अधिक नहीं होती कि किसी को इसके लिए ज्यादा कुछ देना पड़े। हमारे नेताओं को यह अवश्य याद रखना चाहिए कि सच और झूठ के बीच सबसे बड़ा अंतर यह होता है कि झूठ के दिन गिने-चुने ही होते हैं।

–जोगिंदर सिंह

(पूर्व सीबीआई निदेशक)

विषय सूची

भारत के महाघोटाले

भारत घोटालों की भूमि बन चुका है। खास तौर पर अगर घोटालों की बात की जाए, तो आजादी के बाद से देश को जिन घोटालों का आघात सहना पड़ा है, उनमें प्रमुख हैं–

• मुंधरा घोटाला

मुंधरा घोटाले ने तत्कालीन वित्त मंत्री टी. टी. कृष्णमाचारी को अपने लपेटे में लिया था, जिसमें उन्होंने भारतीय जीवन बीमा निगम पर इसलिए दबाव बनाया था, ताकि कलकत्ता के उद्योगपति हरिदास मुंधरा अपनी 6 कंपनियों के लिए 1.24 करोड़ रुपये के काल्पनिक शेयर खरीद सकें।

• बोफोर्स घोटाला

1980 के दशक में होने वाले भारतीय घोटालों में यह सबसे बड़ा घोटाला था। इसमें अन्य कई लोगों के साथ तत्कालीन प्रधानमंत्री राजीव गांधी पर भी भारत के लिए 155 एमएम होवित्जर तोपों की खरीद में बोफोर्स एबी कंपनी से घूस लेने के आरोप लगे थे।

• चारा घोटाला

पशुपालन विभाग से संबंधित चारा घोटाले को बिहार में अंजाम दिया गया था, जिसमें करीब 950 करोड़ यानी करीब 210 यूएस मिलियन डॉलर का घोटा सामने आया था। घोटाले का खुलासा 1996 में तत्कालीन मुख्यमंत्री लालूप्रसाद यादव के समय में हुआ था।

• प्रतिभूति घोटाला

अप्रैल, 1992 में भारतीय स्टॉक मार्केट को हिलाकर रख देने वाले इस घोटाले का सूत्रधार हर्षद मेहता को माना जाता है। आरोप है कि उसने बड़ी

चालाकी से भारतीय बैंकिंग सिस्टम का अपने लाभ के लिए प्रयोग करते हुए वहां से रुपया उठाकर स्टॉक मार्केट में लगाया और उच्चकोटि का लाभ कमाया।

● लक्खुभाई पाठक धोखाधड़ी मामला

इंग्लैंड में रहने वाले भारतीय उद्योगपति लक्खुभाई पाठक ने चंद्रास्वामी और के. एन. अग्रवाल उर्फ मामाजी और राव पर आरोप लगाया कि इन लोगों ने धोखाधड़ी कर उन्हें करीब $100,000.00 का चूना लगाया। बताया जाता है कि उक्त राशि भारत में पेपर लुग्दी की आपूर्ति के वादे पर दी गई थी। इसके अतिरिक्त उसने चंद्रास्वामी और उनके सचिव के मनोरंजन पर भी $30,000.00 खर्च किया था।

● हवाला घोटाला

हवाला घोटाला वास्तव में भारतीय राजनीतिज्ञों से जुड़ा हुआ था, जिसमें हवाला के दलाल जैन बंधुओं से भारतीय राजनीतिज्ञों ने अवैध रूप से धन लिया था। यह यूएस $ 18 मिलियन डॉलर की घूस थी, जिसमें चोटी के भारतीय राजनेता शामिल थे।

● लैवेलिन घोटाला

केरल स्टेट इलेक्ट्रिक बोर्ड ने अगस्त, 1995 में लैवेलिन के साथ एक संधि पर हस्ताक्षर किए थे। संधि पत्र के तहत एसएनसी लैवेलिन को उसके जीर्णोद्धार के लिए कनाडा की एक्सपोर्ट डेवलपमेंट कॉर्पोरेशन-ईडीसी और कनाडियन इंटरनेशनल डेवलपमेंट एजेंसी (सीआईडीए) से फंड की व्यवस्था करना था। सीईए ने अपनी अनुशंसा में लिखा था कि पल्लीवासाल पावर स्टेशन के यूनिट को बदलने की जरूरत नहीं है और पावर प्लांट अभी अच्छी स्थिति में है। इसके बावजूद बोर्ड ने उक्त समझौता किया।

● केतन पारिख घोटाला

कंपनियां जब स्टॉक मार्केट से पैसा उठाती हैं तो दलालों को इसके लिए तैयार करती हैं कि वे उनके शेयर मूल्यों की बढ़त में मदद करें। केतन पारिख ने इलाहाबाद स्टॉक एक्सचेंज और कलकत्ता स्टॉक एक्सचेंज जैसी छोटी

मार्केटों को लेकर ब्रोकरों का एक नेटवर्क तैयार किया। केतन ने मुंबई के दूसरे छोटे शहरों में रहने वाले गरीब लोगों के नाम पर बेनामी और अन्य शेयरों की खरीद भी की। केतन का नाम उस समय सुर्खियों में आया, जब वर्ल्ड वाइड डॉट कॉम 1999-2000 दुनिया में छा रहा था और उसने अपने इस सौदे से दस कंपनियों को प्रभावित किया।

● बराक मिसाइल घोटाला

बराक मिसाइल घोटाला मुख्यतः रक्षा संबंधी सौदों में हुई दलाली का एक मामला था, जिसमें इजरायल के साथ बराक मिसाइल की खरीद हुई थी। इस केस की जांच अभी भी सीबीआई कर रही है और समता पार्टी के पूर्व खजांची आर. के. जैन सहित कई लोग अभी भी हिरासत में हैं। इस मामले की प्रथम सूचना रिपोर्ट में कई महत्त्वपूर्ण हस्तियां शामिल हैं, जिसमें जॉर्ज फर्नांडिस और जया जेटली जैसे नेता हैं तथा हथियारों की खरीद के डीलर और पूर्व नौसेना अधिकारी सुरेश नंदा भी हैं, जो नेवी चीफ एस. एम. नंदा के बेटे हैं।

● तहलका खुलासा

वर्ष 2001 में तहलका ने एक स्टिंग ऑपरेशन किया था, जिसमें यह आरोप लगाया गया था कि सरकार द्वारा किये गये 15 रक्षा सौदों में दलाली दी गई है। इसमें बराक का सौदा भी शामिल था।

तत्कालीन एनडीए सरकार ने मामलों की जांच के लिए एक आयोग का गठन किया, लेकिन वर्तमान में केंद्र में सत्तारूढ़ यूपीए की सरकार ने रिपोर्ट के हिस्से को अस्वीकार कर दिया। अब पूरे मामले की जांच सीबीआई कर रही है।

● तेलगी फर्जी स्टांप घोटाला

तेलगी को मुंबई पुलिस ने 1991 में एक घोटाले के सिलसिले में हिरासत में लिया था। जेल में बिताये दिनों के दौरान ही उसने एक विशेषज्ञ से जालसाजी के गुर सीखे। 1994 में जब वह जेल से बाहर आया, तो उसने भारत सरकार से स्टाम्प पेपर का लाइसेंस लिया और जाली स्टाम्प पेपर छापने का धंधा आरंभ कर दिया। बताया जाता है कि उसने 300 लोगों को नियुक्त कर इन जाली स्टाम्प पेपरों को बेचने का काम आरंभ कर दिया। ये लोग जाली स्टाम्प पेपरों को बैंकों, बीमा

कंपनियों, एफ.आई. सहित शेयर दलाल की संस्थाओं को भी बेचा करते थे। बताया जाता है कि उसकी मासिक कमाई करीब 202 करोड़ तक पहुंच गई थी।

● तेल कार्यक्रमों में घोटाला

तत्कालीन विदेश मंत्री नटवर सिंह को 7 नवंबर, 2005 को उनके पद से हटाया गया, क्योंकि संयुक्त राष्ट्र संघ द्वारा इराक में चलाए जा रहे कार्यक्रम खाद्य तेल घोटाले में उनकी संलिप्तता उजागर हुई थी। हालांकि वे बिना किसी विभाग के केंद्रीय मंत्री थे। पॉल वोल्कर के नेतृत्व में एक स्वतंत्र जांच आयोग ने 27 अक्टूबर, 2005 को यह खुलासा किया था कि नटवर सिंह और उनके बेटे जगत सिंह उक्त कार्यक्रम में लाभ उठाने वालों में शामिल थे।

● मिड डे मील घोटाला

जनवरी, 2006 में दिल्ली पुलिस ने मिड डे मील में चल रहे घोटाले का पर्दाफ़ाश किया था। उल्लेखनीय है कि पुलिस ने दिसंबर, 2005 में उत्तर प्रदेश के बुलंदशहर जिले के भारतीय खाद्य निगम के गोदाम से जा रहे आठ ट्रकों को बरामद किया था। इन ट्रकों में चावल के करीब 2760 बोरे थे, जो प्राइमरी स्कूलों में पढ़ने वाले बच्चों के मिड डे मील के लिए थे। जब पुलिस ने इन ट्रकों को रोका तो चालकों ने बताया कि इन चावलों को दिल्ली की एक फैक्टरी में धुलाई के लिए ले जाया जा रहा है। यद्यपि कार्यक्रम के दिशा-निर्देशों के मुताबिक चावल को भारतीय खाद्य निगम के गोदामों से संबंधित स्कूलों या गांवों तक ले जाना चाहिए था। बाद में यह खुलासा हुआ कि उत्तर प्रदेश का एक एनजीओ भारतीय मानव कल्याण परिषद और सरकारी अधिकारियों ने मिलकर इस हेराफेरी में भाग लिया था।

1992 के बाद से अब तक हुए घोटालों की बात की जाए तो यह तथ्य सामने आते हैं कि इनमें काफी मोटी रकम की हेराफेरी की गई। आइए, अब इन घोटालों से होने वाली भारी भरकम आर्थिक क्षति पर एक नजर डालें। यद्यपि सरकार ने अभी तक इन घोटालों में हुई रुपयों की हेराफेरी के लिए आधिकारिक रूप से कोई मूल्यांकन नहीं किया है, तथापि इसका एक अनुमान नीचे दिया जा रहा है। यह कोई दावा नहीं है कि यह आंकड़ा शत-प्रतिशत सही है। हो सकता है यह कम हो या ज्यादा हो। किसी भी परिस्थिति में यह आंकड़ा पूर्वानुमान में सहायक तो हो सकता है, लेकिन पूर्ण नहीं।

1992 के बाद से हुए घोटालों के मूल्य (रुपयों में) निम्न हैं–

- 1992– हर्षद मेहता घोटाला, करीब 5000 करोड़।
- 1994– चीनी आयात घोटाला, करीब 650 करोड़।
- 1995– अलॉटमेंट में हुआ घोटाला, करीब 5000 करोड़।
- 1995– युगोस्लाव दीनार घोटाला, करीब 400 करोड़।
- 1995– मेघालय वन घोटाला, करीब 300 करोड़।
- 1996– उर्वरक आयात घोटाला, करीब 1300 करोड़।
- 1997– सुखराम टेलीकॉम घोटाला, करीब 400 करोड़।
- 1997– लैवलीन पावर प्रोजेक्ट घोटाला, करीब 374 करोड़।
- 1997– बिहार भूमि घोटाला, करीब 1200 करोड़।
- 1997– सीआर भंसाली स्टॉक घोटाला, करीब 1200 करोड़।
- 1998– टीक वृक्षारोपण घोटाला, करीब 8000 करोड़।
- 2001– यूटीआई घोटाला, करीब 4800 करोड़।
- 2001– दिनेश डालमिया स्टॉक घोटाला, करीब 596 करोड़।
- 2001– केतन पारिख प्रतिभूति घोटाला, करीब 1250 करोड़।
- 2002– संजय अग्रवाल होम ट्रेड घोटाला, करीब 600 करोड़।
- 2003– तेलगी स्टाम्प पेपर घोटाला, करीब 32,000 करोड़।
- 2005– आईपीओ डिमैट घोटाला, करीब 146 करोड़।
- 2005– बिहार खाद्य राहत घोटाला, करीब 17 करोड़।
- 2005– स्कार्पियन सबमैरीन घोटाला, करीब 18,978 करोड़।
- 2006– पंजाब सिटी सेंटर प्रोजेक्ट घोटाला।
- 2006– ताज कॉरिडोर घोटाला, करीब 175 करोड़।
- 2008– पुणे बिलियोनायर हसन अली टैक्स डिफाल्ट घोटाला, करीब 50,000 करोड़।
- 2008– सत्यम घोटाला, करीब 10,000 करोड़।
- 2008– आर्मी राशन घोटाला, करीब 5000 करोड़।
- **2008– 2 जी स्पेक्ट्रम घोटाला, करीब 1,76,000 करोड़।**
- 2008– स्टेट बैंक ऑफ सौराष्ट्र घोटाला, करीब 95 करोड़।
- 2008– स्विस बैंक में अवैध पैसों का घोटाला, करीब 71,00,000 करोड़।
- 2009– झारखंड मेडिकल सामान में हुआ घोटाला, करीब 130 करोड़।
- 2009– चावल निर्यात घोटाला, करीब 2500 करोड़।

- 2009- उड़ीसा खनन घोटाला, करीब 7000 करोड़।
- 2009- मधु कोड़ा घोटाला, करीब 4000 करोड़।
- 2010- आईपीएल में हुआ घोटाला।
- 2010- राष्ट्रमंडल खेलों में हुई लूट का अनुमान है कि यह करीब 70,000 करोड़ रुपये की है। हालांकि यहां यह उल्लेख करना जरूरी होगा कि इसका कुछ हिस्सा 3-14 अक्टूबर, 2010 को हुए खेलों पर खर्च किया गया। यहां एक दिलचस्प आंकड़ा भी सामने आता है। अगर हम ट्रांसपेरेंसी इंटरनेशनल द्वारा जारी एकीकृत प्रदर्शन पर नजर डालें, तो भारत का स्थान 100 देशों में से 33वां है। क्या इससे यह निष्कर्ष नहीं निकलता है कि खर्च किए गए 70,000 करोड़ में से करीब 67 प्रतिशत बेकार चले गये।

कैग के मुताबिक, 2 जी स्पेक्ट्रम घोटाला, करीब 1,76,000 करोड़।

1992 से लेकर अब तक भारत में हुए घोटालों में करीब दो लाख करोड़ रुपयों का घपला हुआ।

यदि आप सामान्य तौर पर इन घोटालों का विश्लेषण करेंगे, तो आप इस निष्कर्ष पर पहुंचेंगे कि जो वास्तविक चोर हैं, जिन्होंने देश के साथ गद्दारी की है, वे या तो रसूखदार हैं, राजनीतिज्ञ हैं, उद्योगपति हैं या फिर दलाल स्ट्रीट के स्टॉक ब्रोकर (दलाल) हैं। संक्षेप में कहा जाए तो भारत में आजादी के बाद घोटालों का एक मौसम हमेशा रहा है। इससे पहले कि हम किसी और बात पर चर्चा करें, पहले 2 जी के बारे में जानना जरूरी होगा।

आखिर 2 जी क्या है?

2 जी एक संक्षिप्त रूप है, जिसका मतलब है वायरलेस टेलीफोन तकनीक की दूसरी अवस्था। दूसरी पीढ़ी का सेलुलर टेलीकॉम नेटवर्क व्यावसायिक तौर पर जीएसएम स्टैंडर्ड में रेडियोलिंसा (अब एलिसा ओएज का हिस्सा) द्वारा फिनलैंड में 1991 में लॉन्च किया गया था। 2 जी नेटवर्क के तीन प्रारंभिक लाभ थे–

फोन पर किया जा रहा वार्तालाप डिजीटली इनक्रिप्टेड होना।

2 जी प्रणाली मोबाइल फोन स्पेक्ट्रम में ज्यादा मोबाइल फोन पेनेट्रेशन लेवल सफलतापूर्वक दे सकना।

मोबाइल फोन पर आंकड़ों की सेवा देने के साथ ही एसएमएस टेक्स्ट मैसेज देने की सुविधा उपलब्ध कराना।

2 जी के लॉन्च होने के साथ ही पहले के मोबाइल टेलीफोन सिस्टम को 1 जी के नाम से जाना जाने लगा। 1 जी नेटवर्क पर रेडियो सिग्नल एनालोग थे, लेकिन 2 जी नेटवर्क पर वे डिजीटल हो गये। दोनों ही प्रणालियां डिजीटल सिग्नलिंग सिस्टम से रेडियो टावर से जुड़ने की प्रक्रिया पर आधारित थीं। जिस हैंडसेट पर हम दूसरी ओर से बोली जाने वाली आवाज सुनते हैं, उसमें अब कई नई तकनीकें भी आ चुकी हैं, जैसे 2.5 जी, 2.75 जी, 3 जी और 4 जी, जो अब 2 जी को पीछे छोड़ चुकी हैं। हालांकि दुनिया के कई हिस्सों में 2जी का प्रयोग आज भी किया जा रहा है।

स्पेक्ट्रम घोटाला क्या है?

कैग के अनुसार, यह घोटाला कुछ इस प्रकार किया गया–

- 2008 में निजी कंपनियों को 2 जी लाइसेंस नाममात्र की कीमतों पर वितरित किये गए।
- स्पेक्ट्रम घोटाले में हुई गड़बड़ी का आंकड़ा करीब 1.76 लाख करोड़ है।
- लाइसेंस बांटने के दौरान नियमों की जमकर हुई अनदेखी है।

पूर्व दूरसंचार मंत्री ए राजा पर लगे आरोप

सस्ती दरों पर लाइसेंस देने का मामला

- यह दिलचस्प बात है कि साल 2001 की कीमतों की दरों पर वर्ष 2008 में स्पेक्ट्रम लाइसेंस प्रदान किए गये, जबकि 2001 की दरों पर 2008 में न तो पेट्रोल और न ही अन्य कोई वस्तु उपलब्ध हो सकती थी।
- मोबाइल उपभोक्ताओं का बेस वर्ष 2001 में 4 मिलियन से साल 2008 में 350 मिलियन हो गया।

नियमों की अनदेखी

- खेल शुरू होते ही नियमों को परिवर्तित किया गया।
- आवेदकों के लिए कट ऑफ की तारीख एक सप्ताह बढ़ाई गई।
- लाइसेंस पहले आओ–पहले पाओ की तर्ज पर वितरित नहीं किए गए।
- नीलामी और निविदा के लिए उचित प्रक्रिया नहीं अपनायी गई।
- राजा ने ट्राई, कानून मंत्रालय और वित्त मंत्रालय के सुझावों की उपेक्षा की।
- ट्राई ने स्पेक्ट्रम की नीलामी, बाजार दरों पर करने की अनुशंसा की थी।

पक्षपात, कॉर्पोरेट घरानों को तरजीह

- यूनिटेक, स्वान टेलीकॉम को टेलीकॉम के क्षेत्र में बिना किसी अनुभव के लाइसेंस दिए गए।
- स्वान टेलीकॉम को अर्हताओं को पूरा न करने के बावजूद लाइसेंस दिया गया।
- स्वान को 1537 करोड़ रुपये में लाइसेंस दिया गया, जिसने अपनी 45 प्रतिशत हिस्सेदारी इटीसालत को 4200 करोड़ रुपये में बेच दी।
- यूनिटेक वायरलेस को 1661 करोड़ रुपये में लाइसेंस मिले, जिसने अपनी 60 प्रतिशत की हिस्सेदारी 6200 करोड़ में बेच दी।
- सभी 9 कंपनियों ने 2 जी लाइसेंस के लिए दूरसंचार विभाग को मात्र 10,772 करोड़ रुपये अदा किए।
- भारत की नियंत्रक और महालेखाकार परीक्षक संस्था यानी कैग सीएजी, ने पहली बार इस घोटाले से पर्दा उठाया।

2 जी घोटाले की शुरुआत

भ्रष्टाचार से निबटने के लिए कानून, नियम और नैतिकता से सरकार का परहेज नहीं करना आदि ऐसी चीजें हैं, जो निश्चित रूप से समानता और न्याय को स्थापति करती हैं। न्याय हमेशा अदालतों में नहीं किए जाते। हममें से प्रत्येक व्यक्ति अपने जीवन में प्रतिदिन इन्हें लागू करता है। एक दुकानदार भी किसी वस्तु, सेवा आदि के लिए अपने ग्राहकों के साथ न्याय करता है अर्थात् बराबर मूल्य के तहत उन्हें सामान देता है। यह सच है कि कीमतें सालो-साल बढ़ती हैं, इसके बावजूद 2007 में हुए स्पेक्ट्रम आवंटन के लिए 2001 की कीमतों को आधार बनाया गया।

क्या 2001 की कीमतों पर पेट्रोल, हरी सब्जियां, दालें आदि का 2007 में मिलना संभव है? इसमें कोई संदेह नहीं कि 2007 में स्पेक्ट्रम आवंटन के लिए 2001 की कीमतों पर देना एक प्रकार का धोखा था?

वास्तव में दूरसंचार विभाग के अपने नियम और प्रक्रियाएं ही घालमेल से भरी हैं। यह तथ्य भी सामने आया है कि जिन 120 लोगों को स्पेक्ट्रम आवंटन में पक्षपात किया गया, वह 10 गुणा कम कीमतों पर तय किया गया, जबकि भारी मात्रा में करीब 573 आवेदन पत्र प्राप्त किए गए थे। सामान्यत: किसी भी सरकारी निविदा या कार्य के लिए आवेदन प्राप्त करने की तारीख बढ़ाई जा सकती है। ऐसा कभी नहीं हुआ कि उस तारीख को कम कर दिया गया हो, लेकिन यहां पर ऐसा ही हुआ और जान-बूझकर व्यक्ति विशेष को लाभ पहुंचाने और 373 आवेदकों को रेस से बाहर करने के लिए आवेदन की अन्तिम तिथि यानी 1 अक्टूबर, 2007 को घटाकर 25 सितंबर, 2007 कर दिया गया। इतना ही नहीं, जिन 120 लोगों को लाइसेंस दिए गए, उनमें से 85 ऐसे भी थे, जिन्हें दूरसंचार के क्षेत्र में कोई अनुभव नहीं था। 75 लाइसेंस ऐसे थे जिनके

पास पूंजी का अभाव था और निश्चित रूप से वे वित्तीय कमी के कारण अयोग्य हो जाते। जैसा कि प्रधानमंत्री और तत्कालीन दूरसंचार मंत्री राजा के बीच हुए पत्राचार बताते हैं, राजा ने न केवल वित्तीय, कानूनी और वित्त मंत्रालय के, बल्कि प्रधानमंत्री के सुझावों की भी उपेक्षा की। यहां तक कि उन्होंने ऐसी नीतियों को बढ़ावा दिया, जिनसे स्पेक्ट्रम को ज्यादा-से-ज्यादा लाभ हो सके और इसके लिए नियमों की उपेक्षा भी की। इसके अतिरिक्त उन्होंने उन आवेदकों के लाइसेंस रद्द करने की भी जहमत नहीं उठायी, जो सामान्य प्रक्रिया को पूरा नहीं करते थे।

वास्तव में तत्कालीन दूरसंचार मंत्री ए राजा द्वारा 2 जी स्पेक्ट्रम की नीलामी नहीं करना और 2001 की दरों पर उनका आवंटन करना ही इस पूरे घोटाले की जड़ है, जिसमें उन्होंने पूरी तरह से बेईमानी के साथ काम कर जान-बूझकर करीब 30,984 करोड़ रुपये का घोटाला किया। सीबीआई ने राजा और 11 अन्य के विरुद्ध जिनमें उक्त तीन कंपनियां भी शामिल हैं, के खिलाफ चार्जशीट दाखिल की। इस चार्जशीट में कहा गया है–

"प्रवेश शुल्क के लिए ली जा रही राशि के रिवीजन और नई लाइसेंस दरों पर चारों ओर से लगातार मिल रहे सुझावों को ठुकराते हुए राजा ने जान-बूझकर और बेईमानी के साथ 2001 की दरों पर ही लाइसेंसों का आवंटन कर दिया।"

चार्जशीट में यह भी लिखा है–"2007-08 में जब दोहरी तकनीक वाले स्पेक्ट्रम को राजा ने कुछ कंपनियों अर्थात् 122 कंपनियों को नए लाइसेंस आवंटित किए, तब 2001 की अपेक्षा स्थितियां बिल्कुल बदल चुकी थीं। इन बदली हुई परिस्थितियों में इन्हें आवंटित किये जाने से पहले या तो इनकी नीलामी की जानी थी या फिर उन्हें 'पहले आओ पहले पाओ' के आधार पर दिया जाना चाहिए था।"

सीबीआई ने केस के समर्थन में कम-से-कम 9 परिस्थितियों को लिस्ट में शामिल किया है, जिनमें यह भी कहा गया है कि वर्ष 2001 के बाद से दूरसंचार क्षेत्र में जबरदस्त उछाल आने के बावजूद बिहार, उड़ीसा, पश्चिम बंगाल और असम जैसे इलाकों से या तो कोई पार्टी नहीं आई या फिर इन इलाकों में पर्याप्त संख्या में ऑपरेटरों की कमी रही।

सरकार को हुई क्षति का आकलन

सीबीआई ने राजस्व की भारी क्षति का आकलन करने के लिए प्रति साल प्रति मेगाहर्ट्ज (स्पेक्ट्रम को मापने की एक इकाई) एडजस्टेड ग्रोस रेवेन्यू (एजीआर) में हुई वृद्धि को आधार बनाया।

यहां इसका उल्लेख करना जरूरी है कि किसी ऑपरेटर के लिए एजीआर वह राशि है, जिसमें वह किसी भी सेवा को बेचने, उसकी सर्विस, हैंडसेट व अन्य तरीकों से जुटाई गई राशि होती है।

2002-03 से लेकर 2007 तक के बीच अगर प्रति मेगाहर्ट्ज एजीआर की गणना की जाए, तो यह 3.5 गुणा होती है। इस हिसाब से सीबीआई ने आकलन किया है कि इस दौरान कुल 30,984.55 करोड़ (22,535.60 करोड़ रुपये नए लाइसेंसों के लिए प्रवेश शुल्क तथा 8,448.95 करोड़ दोहरी तकनीक का प्रयोग करने वाले प्रदाताओं के द्वारा लिया गया शुल्क) रुपये की क्षति हुई।

सीबीआई ने राजा पर आरोप लगाया है कि उन्होंने जान-बूझकर प्रधानमंत्री कार्यालय, वित्त मंत्रालय तथा कानून मंत्रालय की उपेक्षा की। उन्होंने यूनिटेक प्रमुख संजय चंद्रा, स्वान टेलीकॉम के प्रमोटर शाहिद बलवा और डीबी रियल्टी के विनोद गोयनका के साथ मिलकर एक आपराधिक षड्यंत्र रचा था। वास्तव में दूरसंचार मंत्री इस प्रकार से अपना काम कर रहे थे मानो विभाग उनकी अपनी संपत्ति हो और इसके लिए कानून मंत्रालय, वित्त मंत्रालय और यहां तक कि प्रधानमंत्री कार्यालय भी कुछ नहीं हैं। उन्होंने बेशर्मी के साथ अपने कामों को अंजाम दिया। ऐसा नहीं है कि इस पूरे घोटाले को खत्म करने के लिए प्रधानमंत्री के पास कोई अधिकार या शक्ति नहीं है। मात्र दो पंक्तियों का एक प्रेस नोट ही इस पूरी प्रक्रिया को समाप्त करने के लिए पर्याप्त था कि मंत्रियों का एक समूह इस पूरे मामले को देखकर निर्णय लेगा। यदि केंद्र सरकार के गिर जाने का खतरा था, तो यह प्रधानमंत्री के दल का काम था कि वे एक संदेश डीएमके को देती कि तमिलनाडु सरकार से वह अपना समर्थन ले सकती है।

प्रधानमंत्री ने जो स्वीकार किया है, उसमें कई प्रकार की बातें हो सकती हैं। हो सकता है कि उन पर कई प्रकार के दबाव हों या यह भी हो सकता

है कि ऐसी कोई बात न हो। राजा ने इस पूरे मामले पर क्या किया और कितनी हानि हुई, मामले का आत्मावलोकन करना हमेशा आसान होता है। सच तो यह है कि हम सभी जीवन के प्रत्येक क्षेत्रों के विशेषज्ञ नहीं हो सकते हैं, लेकिन सलाह देने के लिए विशेषज्ञ हर जगह मौजूद हैं।

यह कोई नेतृत्व का संकट नहीं है, जैसा कि बहुत-से लोगों ने इसे इस रूप में बताया है। मध्यम वर्ग के आदमी और उद्योगपति घरानों द्वारा अपने व्यक्तिगत लाभ के लिए घूस लेना कोई नई बात नहीं है। यह लगभग सभी देशों में और हर जगह होता है, लेकिन एक बात तय है कि कोई भी सिस्टम चाहे कितना ही अस्त-व्यस्त क्यों न हो जाए, उसमें वापसी करने की क्षमता जरूर होती है। आप देश का इतिहास उठाकर देख लें, कितने राजनीतिज्ञ हैं जिन्हें अपने पदों से हाथ धोना पड़ा है। ए.आर. अंतुले, अशोक चौहान, राजा, लालू प्रसाद यादव, नटवर सिंह और कई छोटे नेतागण भी इसमें शामिल हैं। सच तो यह है कि भ्रष्टाचार के विरुद्ध जंग जारी है।

2 जी घोटाला क्यों?

सच्चाई तो यह है कि 2 जी मुद्दे पर प्रधानमंत्री और राजा के बीच हुए पत्राचार तथा विधि सचिव के साथ 1 नवंबर, 2007 और 3 जनवरी, 2008 को हुए पत्राचार यह साबित करते हैं कि राजा ने निर्भीकता के साथ अपने काम को अंजाम दिया। तत्कालीन कानून मंत्री के द्वारा पूरे मामले को देखने के लिए मंत्रियों के सामूहिक गठन के सुझाव को संदर्भहीन करार देते हुए राजा ने ठुकरा दिया। यहां तक कि प्रधानमंत्री को भी राजा ने स्पष्ट कर दिया कि भले ही आवेदन पत्र जमा करने की तारीख 1 अक्टूबर, 2007 है, वे केवल उन्हीं आवेदनों पर विचार करेंगे, जो कि 25 सितंबर, 2007 से पहले जमा कराए गए हैं।

राज्यसभा सांसद राजीव चंद्रशेखर ने रतन टाटा को खुला पत्र लिखकर यह पूछा कि आखिर राजा ने टाटा टेलीसर्विसेज के उस पत्र को किस आधार पर स्वीकार किया, जो 22 अक्टूबर को जमा कराया गया था। उसने 343 अन्य आवेदकों के आवेदनों की उपेक्षा की और अन्य 110 को ठुकरा दिया।

2 नवंबर, 2007 को हुए दो पत्राचार मामले की गंभीरता को दिखाते हैं, जिनमें एक पत्र राजा ने प्रधानमंत्री को और दूसरा पत्र प्रधानमंत्री ने राजा को लिखा है। वास्तव में प्रधानमंत्री ने अपने पत्र में राजा को खतरे से अवगत कराया था और दुविधाओं को उसमें नत्थी करते हुए कहा था कि 2 जी स्पेक्ट्रम के आवंटन में स्वच्छता और पारदर्शिता को अपनाया जाना चाहिए। **उक्त पत्र का एक जेरोक्स नीचे दिया जा रहा है।**

26 दिसंबर, 2007 को राजा ने उन सभी मुद्दों को जिनमें प्रधानमंत्री का पत्र भी शामिल था, ठुकरा दिया। प्रधानमंत्री को लिखे पांच पृष्ठों के एक पत्र जिसमें तीन पृष्ठ का एनेक्सर भी शामिल था, के द्वारा राजा ने पूरी निश्चिंतता और चालाकी के साथ बताया–"चूंकि उक्त संबंधित प्लान वाले पत्र की उस

प्रधान मंत्री

Prime Minister

New Delhi
3 January, 2008

Dear Shri Raja,

I have received your letter of 26 December, 2007 regarding recent developments in the telecom sector.

With warm regards,

Yours sincerely,

(Manmohan Singh)

Shri A. Raja
Minister of Communications &
Information Technology
New Delhi

फाइल को मेरी ओर से 2 नवंबर, 2007 को सहमति दी जा चुकी है, इसलिए बिना किसी विलंब और किसी अतिरिक्त दिशा-निर्देश के उसका पालन किया जा रहा है।"

राजा ने इस तेवर के साथ उक्त पत्र लिखा मानो वे अपने विभाग के एकमात्र और अंतिम सर्वेसर्वा हैं और इसमें किसी का हस्तक्षेप या सलाह उन्हें पसंद नहीं। एक सप्ताह बाद 3 जनवरी, 2008 को प्रधानमंत्री ने एक पावती पत्र लिखा, जिसमें न तो कोई प्रश्न खड़ा किया गया था, न कोई व्याख्या मांगी

गई थी और न ही कोई संदेह जताया गया था। यह पूरा घटनाक्रम यह बताने के लिए पर्याप्त था कि राजा की कार्रवाई पारदर्शी थी। एक रूटीन और सभ्य पत्राचार ने सब कुछ कह दिया। इसने यह सच भी सामने ला दिया कि प्रधानमंत्री इस मामले को लेकर राजा पर किसी प्रकार का कोई दबाव नहीं देना चाहते और राजा जो कर रहे हैं, वह करेंगे। इसमें कोई संदेह नहीं कि प्रधानमंत्री बेहद विनम्र इंसान हैं और यहां तक कि मैं डॉ. मनमोहन सिंह के साथ काम भी कर चुका हूं, मैंने कभी भी उन्हें ऊंची आवाज से बोलते हुए नहीं देखा। वास्तव में वे गलतियों पर ज्यादा ही उदार और विनम्र हो जाते हैं, इसीलिए उनके प्रशंसक व दोस्त हर जगह मिल जाएंगे। इनमें वे लोग भी शामिल हैं, जो उनकी किसी बात से सहमत नहीं होते।

हालांकि डॉ. मनमोहन सिंह कमजोर प्रधानमंत्री नहीं हैं, जैसा कि सभी जानते हैं। वे न्यूक्लियर मुद्दे पर सभी वामपंथी पार्टियों को साथ लेते हैं। डॉ. सिंह इस सोच पर विश्वास करते हैं कि एक समय में एक ही मसले को सुलझाया जाए और इसके बाद दूसरी समस्या पर विचार किया जाए। यह संभव है कि राजा इन झमेलों से निकल जाएं, लेकिन उनका हश्र भी वही हो सकता है, जो टी. आर. बालू के साथ हुआ था। 2009 के चुनावों के बाद मंत्रिमंडल में उन्हें स्थान नहीं मिला था।

13 दिसंबर, 2007 को फिक्की द्वारा आयोजित इंडिया टेलीकॉम सम्मेलन में प्रधानमंत्री ने कहा था–"स्पेक्ट्रम के आवंटन के मामले पर सरकार को राजस्व की हानि नहीं होनी चाहिए, क्योंकि पूरी दुनिया में इससे पर्याप्त राजस्व की प्राप्ति हुई है।" उसी सम्मेलन में प्रधानमंत्री के बाद बोलते हुए राजा प्रधानमंत्री के 2 जी स्पेक्ट्रम के आवंटन संबंधित सुझावों को दरकिनार करते दिखे। उन्होंने कहा था–"जहां तक 2 जी स्पेक्ट्रम का सवाल है, कानूनी मजबूरियों के कारण नीलामी की प्रक्रिया को अपनाना संभव नहीं था, लेकिन 3जी जैसे अगली पीढ़ी के स्पेक्ट्रम आवंटन के लिए सरकार ने पहले ही यह घोषणा कर दी है कि इसमें नीलामी के आधार पर स्पेक्ट्रमों का आवंटन किया जाएगा।"

प्रधानमंत्री की केंद्र सरकार पर जिस प्रकार की पकड़ होती है, उसे देखते हुए यह विश्वास करना असंभव है कि प्रधानमंत्री को यह पता ही न चले कि आखिर दूरसंचार मंत्रालय के अंदर क्या चल रहा है। राजा के बॉस करुणानिधि को नीरा राडिया और रतन टाटा द्वारा लिखा गया पत्र इस संबंध में बताने के लिए

पर्याप्त है। इस दौरान सभी अपने व्यावसायिक हितों को पूरा कर रहे थे। बेशक राजा भी अपने हितों को देख रहे थे और करुणानिधि को भी अपना हित दिख रहा था, तभी तो किसी भी प्रकार की मदद, चाहे वह एक पत्र के रूप में ही क्यों न हो, स्वागत के योग्य थी। बहुत कम समय के लिए की गई लॉबी भी किसी खास वजह के लिए अपना काम कर सकती है। राजनीतिक और अधिकारिक रणनीतियों का खुलासा लोगों के सामने तब तक नहीं किया जाता, जब तक कि उस पर कार्रवाई न हो चुकी हो या की जाने वाली हो। मनमोहन सिंह सबसे ईमानदार प्रधानमंत्री नहीं हैं, लेकिन वे जानते हैं कि लोहा कब गरम है और कब उस पर प्रहार करना उचित होगा। यहां पर कुछ बातें ऐसी हैं, जिन्हें मैं लिखना नहीं चाहता, लेकिन समय के साथ वे सामने आएंगी।

मनोरंजक पत्राचार की झलकियां

2 जी मामले पर सीएजी रिपोर्ट

मार्च, 2010 को अनुच्छेद 151 के अधीन सीएजी (कैग) रिपोर्ट राष्ट्रपति को सौंपने के लिए तैयार की गई। इस रिपोर्ट में दूरसंचार और सूचना प्रौद्योगिकी मंत्रालय के अधीन दूरसंचार विभाग द्वारा 2 जी स्पेक्ट्रम के लाइसेंस और उनके आवंटन से संबंधित ऑडिट रिपोर्ट है। इसमें 2003–04 के दौरान ऑडिट तथ्यों को रखा गया है।

1. भारत में दूरसंचार क्षेत्र में हुए परिवर्तन

राष्ट्रीय टेलीकॉम पॉलिसी–94 का गठन होने के बाद अंतिम दो दशकों में इस क्षेत्र में तेजी से परिवर्तन देखने को मिले हैं। इन परिवर्तनों के बाद अब सेल्युलर मोबाइल फोन सर्विस ने फिक्स्ड लाइन सर्विस को लगभग हटा दिया है। सबसे महत्त्वपूर्ण परिवर्तन यह हुआ कि राष्ट्रीय टेलीकॉम नीति–99 के बाद राजस्व का शेयरिंग आरंभ हो गया, जिसके तहत ऑपरेटर्स ने वार्षिक लाइसेंस शुल्क और स्पेक्ट्रम शुल्क के लिए अपने राजस्व को सरकार के साथ बांटना शुरू कर दिया। एक समान लाइसेंसिंग प्रणाली के तहत यूनिफाइड एक्सेस सर्विस लाइसेंस (यूएएसएल) 2003 का गठन किया गया।

2. लाइसेंसिंग और स्पेक्ट्रम आवंटन के लिए ऑडिट की जरूरत

दूरसंचार क्षेत्र ने इस दौरान तेज और संक्रमणकालीन परिवर्तनों का अनुभव किया। इन्हीं कारणों से ऑडिट की आवश्यकता को महसूस किया गया और इसके तहत 'पैकेज ऑफ कन्सेशन टू सेल्युलर मोबाइल ऑपरेटर्स' नामक एक रिपोर्ट मई, 2000 में संसद के समक्ष प्रस्तुत की गई। 'रेवेन्यू मैनेजमेंट इन द

MINISTRY OF LAW & JUSTICE

(Department of Legal Affairs)

The matter relates to the grant of new Unified Access Service (UAS) Licences and approval for use of Dual Technology Spectrum by UAS licensees.

The Ministry of Communications & Information Technology (Department of Telecommunications) have outlined 4 alternatives to deal with the 575 applicants for the grant of UAS and allotment of spectrum to various categories of spectrum. In that connection the Administrative Ministry have sought the views of the Ld Attorney General /Solicitor General on the different alternatives.

The questions posed for the opinion of Attorney General /Solicitor General appear to be too broad and the issue of disposal of the application s for UAS appears to be mixed up with the allotment of Spectrum. Before the request for seeking the views of the Ld Attorney General /Solicitor General the issues will have to be refined further.

MLJ may see for directions.

T.K.Viswanathan
Law Secretary
1/11/07

MLJ

MLJ I agree. In view of the importance of the case and various options indicated in the statement of the case it is necessary that the whole issue be first considered by an empowered Group of Ministers & in that process legal opinion of AG can be obtained.
[illegible]
1.11.07

Law Secy MLJ's minute above may be seen. [illegible]
[illegible]

5. You will appreciate that I am writing this letter to apprise you about the latest developments in the Department.

I take this occasion to extend my warm Diwali Greetings.

with regards,

Yours sincerely,

(A. RAJA)

Dr. Manmohan Singh,
Prime Minister of India,
New Delhi.

Annexure

1. Enhancement of subscriber linked spectrum allocation criteria

In August 2007, the TRAI has recommended interim enhancement of subscriber linked spectrum allocation criteria. Service providers have objected to these recommendations, alleging errors in estimation / assumptions as well as due procedure not having been followed by the TRAI while arriving at the recommendations.

2. Permission to CDMA service providers to also provide services on the GSM standard and be eligible for spectrum in the GSM service band

Based on media reports, it is understood that the DoT has allowed 'cross technology' provision of services by CDMA service providers and three such companies have already paid the license fee. With the deposit of the fee, they would be eligible for GSM spectrum, for which old incumbent operators have been waiting since last several years. The Cellular Operators Association of India (COAI), being the association of GSM service providers, has represented against this. It is understood that the COAI has also approached the TDSAT against this.

3. Processing of a large number of applications received for fresh licenses against the backdrop of inadequate spectrum to cater to overall demand

The DoT has received a large number of applications for new licenses in various telecom circles. Since spectrum is very limited, even in the next several years all these licensees may never be able to get spectrum. The Telecom Policy that had been approved by the Union Cabinet in 1999 specifically stated that new licenses would be given subject to availability of spectrum.

4. In order that spectrum use efficiency gets directly linked with correct pricing of spectrum, consider (i) introduction of a transparent methodology of auction, wherever legally and technically feasible, and (ii) revision of entry fee, which is currently benchmarked on old spectrum auction figures

5. Early decision on issues like rural telephony, infrastructure sharing, 3G, Broadband, Number Portability and Broadband Wireless Access,on which the TRAI has already given recommendations.

ஆ. இராசா
ए. राजा
A. RAJA

मंत्री
संचार एवं सूचना प्रौद्योगिकी
भारत सरकार,
इलेक्ट्रॉनिक्स निकेतन, 6, सी.जी.ओ. कॉम्प्लेक्स,
नई दिल्ली-110 003

MINISTER
COMMUNICATIONS & INFORMATION TECHNOLOGY
GOVERNMENT OF INDIA
ELECTRONICS NIKETAN, 6, C.G.O. COMPLEX,
NEW DELHI-110 003

D.O. No. 20-100/2007-AS.I
2nd November, 2007.

Respected Sir, Vanakkam.

Kindly refer to your letter dated 2.11.2007 regarding various issues related to Telecom sector. In this regard I have already written to you a letter earlier today (copy enclosed) clarifying the position on processing of large number of applications received for fresh licences. Before giving clarifications to the averments contained in the Annexure to your letter, I would like to inform you that there was, and is, no single deviation or departure in the rules and procedures contemplated, in all the decisions taken by my Ministry and as such full transparency is being maintained by my Ministry and I further assure you the same in future also.

Clarifications with respect to other issues are as follows:

1. **Enhancement of subscriber linked spectrum allocation criteria**

TRAI had recommended in August 2007, enhancement in subscriber linked criteria for allotment of additional spectrum to existing operators in order to increase spectrum efficiency which is scarce. Independent to this, Telecom Engineering Centre (TEC), which is the competent body to look into such matter, was asked to examine the spectrum efficiency issues scientifically. TEC submitted its recommendations on 26.10.2007, which was in principle accepted by me. It has been placed on the website of the Ministry and therefore, anybody much less COAI is at liberty to challenge the report of TEC with scientific basis. **However, the fact still remains that no such attempts have been honestly made by them.**

.....2/-

2. **Permission to CDMA service providers to also provide services on the GSM standard and be eligible for spectrum in the GSM service band**

This matter was referred to TRAI for its comments on use of dual technology. TRAI, after due deliberations on the issue, recommended use of dual technology, enabling existing Universal Access Service licensees (USAL) to provide services under both (GSM and CDMA) technologies. It was examined in the Ministry and was agreed to as they will be able to rollout the network fast which will ultimately benefit the customers because of increase in teledensity and also resulting lower tariff. **These operators will get spectrum only after the allotment of spectrum to the existing operators according to their eligibility and also licence holders awaiting for initial spectrum.**

3. **Processing of a large number of applications received for fresh licenses against the backdrop of inadequate spectrum to cater to overall demand**

The issue of auction of spectrum was considered by the TRAI and the Telecom Commission and was not recommended as the existing licence holders who are already having spectrum upto 10 MHz per Circle **have got it without any spectrum charge**. It will be unfair, discriminatory, arbitrary and capricious to auction the spectrum to new applicants as it will not give them level playing field.

I would like to bring it to your notice that DoT has earmarked totally 100 MHz in 900 MHz and 1800 MHz bands for 2G mobile services. Out of this, so for a maximum of about 35 to 40 MHz per Circle has been allotted to different operators and being used by them. The remaining 60 to 65 MHz, including spectrum likely to be vacated by Defence Services, is still available for 2G services.

Therefore, there is enough scope for allotment of spectrum to few new operators even after meeting the requirements of existing operators and licensees. An increase in number of operators will certainly bring real competition which will lead to better services

......3/-

and increased teledensity at lower tariff. **Waiting for spectrum for long after getting licence is not unknown to the Industry and even at present Aircel, Vodafone, Idea and Dishnet are waiting for initial spectrum in some Circles since December 2006.**

I would like to bring to your kind notice that M/s Aircel and M/s Spice Telecom, who were party to the petition to the TDSAT challenging DoT orders on acceptance of TRAI recommendations, have disassociated with the petition after having clarifications from me. These operators have openly admitted that the COAI had misled them, media and the public in general.

Since assuming charge, on more than three occasions I have reviewed all the long pending TRAI recommendations **announced during the tenures of my predecessors** including Number Portability, 3G, Wimax etc. and directed my officers to process them in a transparent manner. As a result we are almost reaching to shape the modalities to auction 3G and Wimax as contemplated by TRAI. I am told that divergence of views on implementation of Number Portability have been expressed by various stakeholders and I am trying to resolve it. The final decision on all these recommendations will be taken soon.

To conclude, I would like to assure you that all my decisions and endeavours are honestly aimed at development of the telecom sector, increasing the teledensity and lowering the tariff for the benefit of the public in general and customers in particular.

With regards,

Yours sincerely,

(A.RAJA)

Dr. Manmohan Singh
Hon'ble Prime Minister of India
7, Race Course Road
New Delhi

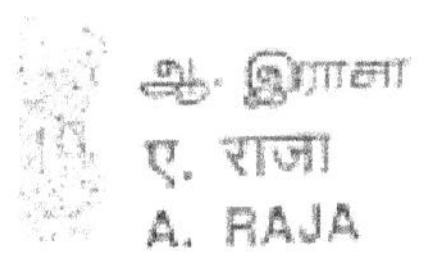

मंत्री
संचार एवं सूचना प्रौद्योगिकी
भारत सरकार,
इलेक्ट्रॉनिक्स निकेतन, 6, सी.जी.ओ. कॉम्प्लेक्स,
नई दिल्ली 110 003

MINISTER
COMMUNICATIONS & INFORMATION TECHNOLOGY,
GOVERNMENT OF INDIA,
ELECTRONICS NIKETAN, 6, C.G.O. COMPLEX,
NEW DELHI-110 003

D.O. No.20-100/2007-AS I
Dated 2nd November 2007

Respected Sir,

After the announcement of TRAI Recommendations on Review of Licence Terms and Conditions for (Telecom) Access Service Providers on 28th August, 2007, an unprecedented number of applications were being received by the Department due to Recommendation of TRAI recommending " No Cap" on number of Licences in a Service Area.

2. As unprecedented number of applications were being received, a cut-off date of 1st October, 2007 was announced by the Department on 24th September, 2007 and a Press Release was given. In all 575 applications for 22 Service Areas were received.

3. The Department wanted to examine the possibility of any other procedure **in addition to** the current procedure of allotment of Licences to process the huge number of applications. A few alternative procedures as debated in the Department and also opined by few legal experts were suggested by the Department of Telecom to Ministry of Law & Justice to examine its legal tenability to avoid future legal complications, if any. Ministry of Law and Justice, instead of examining the legal tenability of these alternative procedures, suggested referring the matter to empowered Group of Ministers. Since, generally new major policy decisions of a Department or inter-departmental issues are referred to GOM, and, needless to say that the present issue relates to procedures, the suggestion of Law Ministry is totally **out of context**.

4. Now, the Department has decided to continue with the existing policy (first-cum-first-served) for processing of applications received up to 25th September 2007, i.e. the date when the news-item on announcement of cut-off date appeared in the newspapers. The procedure for processing the remaining applications will be decided at a later date, if any spectrum is left available after processing the applications received up to 25th September 2007.

4. As the Department is not deviating from the existing procedure, I hope this will satisfy the Industry.

ஆ. இராசா
ए. राजा
A. RAJA

मंत्री
संचार एवं सूचना प्रौद्योगिकी
भारत सरकार,
इलेक्ट्रॉनिक्स निकेतन, 6, सी.जी.ओ. कॉम्प्लेक्स
नई दिल्ली 110 003
MINISTER
COMMUNICATIONS & INFORMATION TECHNOLOGY,
GOVERNMENT OF INDIA,
ELECTRONICS NIKETAN, 6, C.G.O. COMPLEX,
NEW DELHI 110 003

D.O. No. 260/M(C&IT)/VIP/2007

26th December, 2007.

Respected Sir, Vanakkam.

Kindly refer to my letters dated 2.11.2007, and subsequent personal discussions with you on various issues related to Telecom sector. As discussed with you I also had several discussions with the External Affairs Minister, who is also heading GOM on vacation of spectrum on these issues. The major issues viz., (i) Subscriber based criteria for additional spectrum to existing operators, (ii) issue of dual technology; and (iii) issue of new licences were discussed with External Affairs Minister at length. Since the cases filed by Cellular Operators Association of India (COAI) on these issues before Telecom Disputes Settlement & Appellate Tribunal (TDSAT) and Delhi High Court are being represented by Solicitor General of India, he was also called for the discussions to explain the legal position.

I must recall that there are three reports available with the DoT with regard to subscriber based criteria for additional spectrum to existing operators viz., Telecom Regulatory Authority of India (TRAI), Telecom Engineering Centre (TEC) and the Report of the Committee which was constituted under the chairmanship of Additional Secretary, DoT with two Professors from IIT, Kanpur and IIT, Chennai who have done their specialisation in Radio Frequency. For one or the other flimsy reason, COAI neither accepted any one of the report nor co-operated with the DOT to arrive at an amicable solution. Similarly, on use of Dual Technology also, they want to challenge the policy decision taken by the Government on the basis of TRAI recommendations.

Since TDSAT refused to grant stay they moved the Delhi High Court for stay on subscriber based criteria, dual technology and in addition to these, the issue of new licences. This clearly shows that the attitude of COAI is to maintain their monopoly in the sector by avoiding healthy competition and level playing field. The only malicious intention of COAI, it appears, is that they want to procrastinate the issues through frivolous and vexacious Court proceedings endlessly.

As I have already promised to you, my efforts in this sector are intended to give lower tariff to the consumer and to bring higher tele-density in the country, more specifically in rural areas. It is needless to say that the tariff in India is not as cheap as claimed in terms of purchasing power parity and standard of living of the people of the country since there is no tariff fixation.

In these circumstances, the discussions with the External Affairs Minister and Solicitor General of India have further enlightened me to take a pre-emptive and pro-active decision on these issues as per the guidelines and rules framed there under to avoid any further confusions and delay. The issue wise details and my decisions are given in the enclosed annexure.

This is for your kind information.

With regards,

Yours sincerely,

(A.RAJA)

Dr. Manmohan Singh
Hon'ble Prime Minister of India
New Delhi.

Encl: Annexure

Annexure

Subscriber Linked Spectrum Allocation Criterion for CMTS/UAS Licensees

DOT provides Radio spectrum for providing mobile services to Wireless Operating Licence holders for roll out of GSM / CDMA services. An initial spectrum of 4.4 MHz for GSM and 2.5 MHz for CDMA based technology is provided to operators. Additional spectrum is provided to operators based on the number of subscribers, availability of spectrum, optimal use of spectrum, competition and other interest of public. To ensure optimal utilization of spectrum, TRAI while giving recommendation on other issues as requested by the DOT, also recommended that "**there is a need to tighten the subscriber criteria for all the service areas so as to make it more efficient from the usage and pricing point of view. In order to frame new spectrum allocation criteria, a multi-disciplinary committee may be constituted. However, it is necessary to enhance the present subscriber norms as an ad-hoc measure so that the task of spectrum allocation is not stalled**". This recommendation was accepted by the department on 17-10-2007.

However, COAI and existing GSM operators challenged recommendations of TRAI saying it lacks scientific basis. In the meantime, TEC which was simultaneously working on the subscriber based criteria for allocation of additional spectrum submitted its report to the Ministry which was accepted in-principal. Incidentally, TEC norms, which were based on scientific basis, came out to be stricter than TRAI norms. COAI challenged these reports in the TDSAT. To avoid any controversy and to find an amicable solution, as suggested by TRAI a Committee headed by Additional Secretary, DOT, including Representatives of COAI and AUSPI and two Professors from IIT Kanpur and IIT Chennai was setup. However, on 7-12-2007, COAI disassociated itself from the proceedings of the Committee. The committee has submitted its report and has suggested that another Committee as suggested by TRAI may be set up to look into broader issues of allotment of additional spectrum and till then recommended to go with TRAI's interim report for allotment of additional spectrum. This recommendation of the Committee is accepted.

In view of above, DOT is proceeding ahead to implement the recommendation of TRAI on subscriber based criteria as an interim measure and allot additional spectrum to eligible existing operators as per TRAI norm, followed by those who get licence in Dec 2006, dual technology and to new applicants as and when licences are given. An affidavit to this effect will be filled in both TDSAT and Delhi High Court.

2. **Use of Dual Spectrum (Alternate technology) by UAS Licensees**

DOT sought the recommendations of TRAI on Use of Dual Technology / Alternate Technology under USA License and other issues on 13-4-2007(prior to taking over by the present Minister). The recommendations of TRAI were received by DOT on 29-08-2007 which suggested that **"A licensee using one technology may be permitted on request, usage of alternative technology and thus allocation of dual spectrum. However, such a licensee must pay the same amount of fee which has been paid by existing licensees using the alternative technology or which would be paid by a new licensee going to use that technology"**. This recommendation was accepted by the department on 17-10-2007.

This policy makes existing UAS Licence holders (Reliance, TATA, Airtel, Vodafone, etc.) eligible for allotment of spectrum for alternate technology. COAI challenged Dual technology policy in the TDSAT. TDSAT has adjourned the case to 09-01-2008. Failing obtaining stay from TDSAT, COAI moved to Delhi high court on 20-12-2007. The matter was heard on 24-12-2007 and is posted for 3-1-2008 without granting any stay.

In view of above, DOT is proceeding ahead for allotting initial spectrum under dual technology policy to eligible applicants subject to the court order, if any. Application of TATA Telecommunication will also be processed as per the policy and guidelines. An affidavit to this effect will be filled in both TDSAT and Delhi High Court.

3. **Issue of New Licences**

Although UASL guidelines issued in December 2005 clearly indicates that **"Licences shall be issued without any restriction on the number of entrants for provision of Unified Acess Services in a service Area"**, DOT sought recommendation of TRAI on number of UAS licences to be issued in a Service Area on 13-4-2007(prior to taking over by the present Minister). The recommendations of TRAI were received by DOT on 29-08-2007 which suggested that **"No Cap be placed on the number of access service providers in any Service Area"**. This recommendation was accepted by the department on 17-10-2007 in order to encourage more competition in the Telecom Sector and decided to grant new UAS Licences. This is first time that December 2005 UASL guidelines are being implemented in letter and spirit in view of TRAI recommendation.

DOT has been implementing a policy of First-cum-First Served for grant of UAS licences. The same policy is proposed to be implemented in granting licence to existing applicants. However, it may be noted that grant of UAS licence and allotment of Radio Frequency is a three stage process.

1 **Issue of Letter of Intent (LOI):** DOT follows a policy of First-cum-First Served for granting LOI to the applicants for UAS licence, which means, an application received first will be processed first and if found eligible will be granted LOI.

2 **Issue of Licence:** The First-cum-First Served policy is also applicable for grant of licence on compliance of LOI conditions. Therefore, any applicant who complies with the conditions of LOI first will be granted UAS licence first. This issue never arose in the past as at one point of time only one application was processed and LOI was granted and enough time was given to him for compliance of conditions of LOI. However, since the Government has adopted a policy of **"No Cap"** on number of UAS Licence, a large number of LOI's are proposed to be issued simultaneously. In these circumstances, an applicant who fulfils the conditions of LOI first will be granted licence first, although several applicants will be issued LOI simultaneously. **The same has been concurred by the Solicitor General of India during the discussions.**

3 **Grant of wireless Licence:** The First-cum-First Served policy is also applicable for grant of Wireless Licence to the UAS Licencee. Wireless Licence is an independent licence to UAS licence for allotment of Radio Frequency and authorising launching of GSM / CDMA based mobile services. There is a misconception that UAS licence authorises a person to launch mobile services automatically. UAS licence is a licence for providing both wire and wireless services. Therefore, any UAS licence holder wishes to offer mobile service has to obtain a separate Wireless Licence from DOT. It is clearly indicated in Clauses 43.1 and 43.2 of the UAS Licence agreement of the DOT.

Since the file for issue of LOI to all eligible applicants was approved by me on 2-11-2007, **it is proposed to implement the decision without further delay and without any departure from existing guidelines.**

डिपार्टमेंट ऑफ टेलीकम्यूनिकेशन' नामक एक अन्य मूल्यांकन 2004-05 में इस विभाग द्वारा तैयार किया गया। यह मूल्यांकन मुख्य रूप से लाइसेंसिंग शुल्क और स्पेक्ट्रम आवंटन से मिलने वाले शुल्कों के संग्रह और उनकी गणना पर आधारित था। इन्हीं मूल्यांकनों पर आधारित रिपोर्ट मई, 2006 में संसद में पेश की गई थी।

जनवरी, 2008 में उसी दिन दूरसंचार विभाग ने यूनिफाइड एक्सेस सर्विसेज के तहत 120 नये लाइसेंस जारी किए। इन लाइसेंसों को उन्हीं मूल्यों पर जारी किया गया था, जो 2001 में निकाले गए थे। 120 लाइसेंसों को एक ही दिन और 2001 की कीमतों पर ही जारी किए जाने की घटना ने मीडिया, संसद और सिविल सोसायटी के लोगों का ध्यान अपनी ओर आकर्षित किया था। इस प्रकार आवंटन की पूरी प्रक्रिया में पारदर्शिता का अभाव और अधिकतम राजस्व पाने में अक्षमता, जो राष्ट्रीय संपत्ति थी, पर तब सवाल उठाए गए थे। आवंटन की प्रक्रिया और कीमतों पर सांसदों के अतिरिक्त कई वर्गों की ओर से इस विभाग पर कई सवाल खड़े किये गए थे। इन सभी संदर्भों में कुल मिलाकर यही दावे किए गए थे कि अयोग्य आवेदकों को लाइसेंस आवंटन किए गए हैं और वह भी 2008 की बाजार कीमतों से बहुत कम कीमतों पर। लाइसेंस प्रदान करने, स्पेक्ट्रम आंवंटित करने तथा यूएएस के अनुपालन करने की प्रक्रिया में हुई अनियमितता ही वह प्रमुख आधार था जो विभाग की पूरी प्रक्रिया को पुनः विश्लेषित करने के लिए मजबूर करता था। जांच करने की एक और भी वजह थी कि 2003 में यूएएस को लागू हुए करीब 6 साल बीत चुके थे। यूएएसएल पॉलिसी के बनने के बाद सरकार के पास यह अधिकार था कि वह इनके लागू होने की पूरी प्रक्रिया का गहराई तक जाकर विश्लेषण करे।

3. आखिर रिपोर्ट व्यवस्थित कैसे है?

उक्त रिपोर्ट के अध्याय 1 और 2 में नीतियों के विश्लेषण, लाइसेंस जारी करने की प्रक्रिया और स्पेक्ट्रम आवंटन तथा ऑडिट के बारे में विस्तार से चर्चा है। अध्याय 3 में जहां यूएएस नीतियों के क्रियान्वयन में ऑडिट की चर्चा हमने की है, वहीं अध्याय 4 में तकनीकी खामियों पर विस्तार से प्रकाश डाला गया है। अध्याय 5 में स्पेक्ट्रम के उन उपलब्ध मूल्यों पर प्रकाश डालने का प्रयास किया गया है, जो उस समय मौजूद थे। 2008 में 2 जी स्पेक्ट्रम के लाइसेंसों के आवंटन में अधिकतम आर्थिक मूल्य पाने का प्रयास करते समय संसाधनों को कई आर्थिक मॉडलों के रूप में लिया जाना चाहिए था। इस प्रकार का

प्रत्येक मॉडल जिस मान्यता पर आधारित होता है निश्चित रूप से पाना जरूरी नहीं है, खासकर तब जब सरकार किसी राष्ट्रीय संपत्ति के लिए मूल्यों का निर्धारण करती है, क्योंकि ऐसी कोई भी अति सुरक्षित मार्केट क्रियापद्धति किसी भी खास समय मौजूद नहीं होती है। इस प्रकार की सभी मान्यताएं जो आर्थिक मॉडलों को निर्धारित करती हैं, वे हमेशा कई सवालों और विवादों को खड़ा करती हैं। इसी कारण हमने इस रिपोर्ट में केवल मुमकिन और अनुमान से सिद्ध तथ्यों को ही आधार बनाया है।

4. महत्त्वपूर्ण तथ्य

(क) नीतियों के क्रियान्वयन में खामियां

अगस्त, 2003 में ट्राई ने एक रिपोर्ट जारी की थी, जो लाइसेंस प्रदान करने वाले दिशा-निर्देशों से संबंधित थी। इस रिपोर्ट में यूएएस नीतियों को जारी करने वाले उस आधार की चर्चा की गई थी जिसे अक्टूबर, 2003 में मंत्रियों की परिषद ने अपनी सहमति प्रदान की थी। यूएएसएल युग के क्रियान्वयन के लिए इसे पहले से ही दो चरणों में चलाया जा रहा था, जिसमें प्रथम चरण के 6 महीनों में बुनियादी सेवा ऑपरेटरों के प्रवास को रखा गया था तथा सेल्युलर मोबाइल सेवा ऑपरेटरों की अगली पीढ़ी के लिए। बुनियादी सेवा ऑपरेटरों के लिए प्रवेश शुल्क वही रखा गया था, जो 2001 में चौथे सेल्युलर ऑपरेटर के लिए विभिन्न प्रक्रियाओं के तहत तय किया गया था। सेल्युलर मोबाइल सर्विस ऑपरेटर्स प्रवास के लिए कोई प्रवेश शुल्क नहीं रखा गया था, क्योंकि वे पहले से ही एक प्रक्रिया के तहत बाजार में प्रवेश कर चुके थे।

प्रथम चरण की समाप्ति के बाद दूसरा चरण आरंभ हुआ, जिसमें एकीकृत लाइसेंस युग के तहत यह सोचा गया था कि एक नाममात्र के प्रवेश शुल्क के अतिरिक्त स्पेक्ट्रम के लिए अलग से चार्ज लिया जाएगा।

यद्यपि ऑडिट परीक्षण में इस बात का खुलासा हुआ कि दूरसंचार विभाग ने लाइसेंस देने के लिए कैबिनेट द्वारा प्रस्तावित नीतियों में से केवल प्रथम चरण को ही लागू किया, लेकिन दूसरे चरण वाले निर्देशों को पूरी तरह से उपेक्षित किया। वास्तविक क्रियान्वयन में अगर देखा जाए तो अंतरिम क्रियान्वयन को ही अंतिम रूप से इसका लक्ष्य बना दिया गया। इस तरह यही वे अंतर्निहित कारण बन गए, जिनके कारण गलती से ही 2008 में स्पेक्ट्रम का आवंटन 2001 के मूल्य पर ही हुआ लगता है। इस प्रकार देखा जाए तो इस पॉलिसी को लागू

करने में लाइसेंसों को जारी करने से स्पेक्ट्रम की कीमतों और उचित कीमतों पर ही स्पेक्ट्रम का आवंटन करने के कारण महत्वपूर्ण लक्ष्य को पाया नहीं जा सका। 2003 के कैबिनेट निर्णय में वित्त मंत्रालय को यह अधिकार दिया गया था कि स्पेक्ट्रमों की प्रभावी कीमतों पर आवंटन करने में अपनी भूमिका सुनिश्चित करे, लेकिन दूरसंचार विभाग ने वित्त मंत्रालय को इससे दूर ही रखा।

इस प्रकार की खामियों का नतीजा यह हुआ कि 2003 में मंत्रिपरिषद द्वारा बनाई गई नीतियों के क्रियान्वयन में शिथिलता बरती गई और दूरसंचार विभाग ने 2008 में लाइसेंसों और स्पेक्ट्रमों का आवंटन वर्ष 2001 में निर्धारित कीमतों पर किया, जो पूरी तरह से एक नवजात बाजार व्यवस्था पर आधारित थे, जबकि यह क्षेत्र परिवर्तनों के साथ-साथ अच्छी व्यापक संभावनाओं से भी भरा हुआ दिख रहा था। इस मुद्दे को कभी भी कैबिनेट के सामने समीक्षा के लिए नहीं रखा गया।

(ख) दूरसंचार आयोग से सलाह नहीं ली गई

उपलब्ध रिकॉर्डों और सूचनाओं की जांच के दौरान यह बात सामने आई कि शक्तिशाली दूरसंचार आयोग जिसमें वित्त मंत्रालय, उद्योग, सूचना और प्रौद्योगिकी तथा योजना आयोग के अंशकालिक सदस्य भी मौजूद थे, वे कभी भी ट्राई की अगस्त, 2007 में जारी की गई अनुशंसाओं से अवगत नहीं थे। इसी कारण योग्यता के आधार पर उनके पास ट्राई की अनुशंसाओं पर विचार करने की सक्षमता नहीं थी। यह भी देखा गया कि शक्तिशाली दूरसंचार आयोग से साल 2008 में 122 यूएएस लाइसेंस प्रदान करने के लिए संपर्क भी नहीं किया गया।

(ग) ऑडिट में रेखांकित किया गया है

दूरसंचार विभाग ने स्पेक्ट्रम की कीमतों के मुद्दे को मंत्रियों के समूह की नजरों से दूर रखा। दिसंबर, 2006 में मंत्रियों के समूह की भूमिका स्पेक्ट्रम तक ही सीमित था। टीओआर ने प्रभावशाली रूप से आवंटन और उनकी कीमतों के मुद्दों से परहेज किया, जबकि 2003 की नीतियों के निर्धारण के समय तीनों मामलों की घोषणा की गई थी। इस प्रकार दूरसंचार विभाग ने टीओआर मुद्दे से अपनी नजर हटाकर केवल मूल्य तक ही सीमित रखी।

ऑडिट के दौरान इस बात का भी खुलासा हुआ कि नवंबर, 2007 में वित्त मंत्रालय ने किसी भी सूचीकरण या वर्तमान मूल्यांकन के बिना 2001 के आधार पर कीमतों को निर्धारित करने की प्रक्रिया पर सवाल उठाया था। मंत्रालय ने

मामले की समीक्षा के लिए आवाज उठायी थी। दूरसंचार विभाग ने वित्त मंत्रालय के सुझावों को अक्टूबर, 2003 के एक कैबिनेट निर्णय को आधार बनाकर जान-बूझकर यह कहते हुए अनदेखी की कि 2003 में ट्राई की अनुशंसाओं के आधार पर प्रवेश शुल्क निर्धारित करने का उसे अधिकार है। दूरसंचार विभाग ने यह बताने की कोशिश की कि स्पेक्ट्रम की कीमतों का निर्धारण उसके सामान्य कार्य का हिस्सा मात्र है।

(घ) कानून और न्याय मंत्रालय के सुझावों की अनदेखी

अक्टूबर, 2007 की शुरुआत में दूरसंचार विभाग ने खुद ही पहल करते हुए कानून और न्याय मंत्रालय से यह अनुरोध किया कि वह भारत के अटॉर्नी जनरल/सोलिसीटर जनरल से उसे यह अधिकार दिलाए कि आवेदनों की अभूतपूर्व भीड़ को निष्पक्ष रूप से संभालने के लिए उसे न्यायिक रूप से सक्षम बनाए। माननीय मंत्री के स्तर पर कानून मंत्रालय ने मामले के महत्त्व और विभिन्न विकल्पों को ध्यान में रखते हुए कहा कि पूरे मामले को एक उच्चाधिकार प्राप्त समूह द्वारा विचार किया जाना चाहिए और भारत के अटॉर्नी जनरल की कानूनी राय ली जानी चाहिए। हैरानी की बात है कि दूरसंचार विभाग ने जो मांग अपनी इच्छा से की थी, उसे सूचना और प्रौद्योगिकी मंत्रालय ने संदर्भ से बाहर माना और इस प्रकार से मंत्रियों के शक्तिशाली समूह में चर्चा का लाभ भी चला गया। ऐसा लगता है कि दूरसंचार विभाग ने इतना महत्त्वपूर्ण निर्णय भी मंत्रालय में चर्चा किए बगैर ले लिया।

(ङ) प्रधानमंत्री के सुझावों की भी हुई अनदेखी

नवंबर, 2007 में प्रधानमंत्री ने दूरसंचार और सूचना प्रौद्योगिकी मंत्रालय को पत्र लिखा और चिंता प्रकट करते हुए कहा कि अपर्याप्त स्पेक्ट्रम की नीलामी और ताजा लाइसेंसों तथा स्पेक्ट्रम निर्धारण की खातिर अभूतपूर्व संख्या में आए आवेदनों को देखते हुए प्रवेश शुल्क निर्धारण के लिए वर्तमान में जो पुराने मूल्यों पर तय किये जा रहे हैं, उनके लिए एक निष्पक्ष और पारदर्शी पद्धति अपनाने की जरूरत हैं। प्रधानमंत्री की इस सलाह पर दूरसंचार और सूचना प्रौद्योगिकी मंत्रालय ने त्वरित प्रतिक्रिया दिखाते हुए उसी दिन एक पत्र लिखा जिसमें यह बताया गया कि स्पेक्ट्रम की नीलामी के मामले को ट्राई और दूरसंचार आयोग द्वारा देखा जाता है और मौजूदा लाइसेंसधारकों को 10 मेगाहर्ट्ज प्रति चक्र के लिए बिना किसी शुल्क के स्पेक्ट्रम मिल गया था और यह उनके द्वारा अनुशंसित नहीं था। सूचना प्रौद्योगिकी मंत्रालय ने यह भी बताया कि उनका मंत्रालय इस निष्कर्ष पर पहुंचा

है कि नये आवेदकों को स्पेक्ट्रम की नीलामी देना अनुचित, भेदभावपूर्ण और मनमानी होगी, क्योंकि वह उन्हें एक स्तरीय मुकाबले का मैदान नहीं देंगे। यह बिल्कुल इस प्रकार से था जैसे 2001 में तय किए गए प्रवेश शुल्क के आधार पर 2008 में कुछ ऑपरेटरों को स्पेक्ट्रमों का आवंटन किया जाना और वह भी प्रधानमंत्री के सुझावों की अनदेखी करने के बाद।

(च) कट ऑफ डेट बदलने में दूरसंचार विभाग की मनमानी

अगस्त, 2007 में ट्राई रिपोर्ट ने यह अनुशंसा की थी कि किसी भी सर्विस क्षेत्र में जारी किए जाने वाले लाइसेंस के लिए संख्या पर कोई बाध्यता नहीं रखी जाएगी। इस अनुशंसा के बावजूद दूरसंचार विभाग ने 24 सितंबर, 2007 को बाकायदा एक प्रेस रिलीज जारी की, जिसमें यह कहा गया कि लाइसेंस के लिए आवेदन केवल 1 अक्टूबर, 2010 तक ही स्वीकार किए जाएंगे। वास्तव में यह कार्रवाई एक प्रकार से जारी होने वाले लाइसेंसों को जान-बूझकर सीमित करने का संदेश देती थी। यद्यपि जुलाई, 2010 की अपनी रिपोर्ट में, जो मंत्रालय को भेजी गई थी, यह स्पष्ट किया गया कि उसने ट्राई के अक्टूबर में अनुशंसित 'नो कैप' नियम को स्वीकार किया है। ऐसा लगता है कि 2007 में ही एक प्रेस रिलीज जारी करके मंत्रालय ने ट्राई की अनुशंसाओं को चैलेंज करते हुए उसके प्रभाव में उसकी स्वीकृति के लिए काउंटर कार्रवाई की थी। 1 अक्टूबर, 2007 तक प्राप्त आवेदन पत्रों को प्रतिबंधित करने के लिए दूरसंचार विभाग ने इस तारीख को घटाकर 25 सितम्बर, 2010 तक प्राप्त आवेदनों पर ही विचार किया। जाहिर तौर पर जीएसएम स्पेक्ट्रम की कमी को ध्यान में रखते हुए कानूनी प्रभाव से बचने के लिए यह सब कुछ किया गया था।

(छ) 'पहले आओ, पहले पाओ' नीति का पालन नहीं हुआ

दूरसंचार विभाग में 'पहले आओ, पहले पाओ' नीति का आंतरिक रूप में पहले से ही पालन हो रहा था, जिसे नए यूएएस लाइसेंसों को प्रदान करते समय तक बढ़ा दिया गया था। इस पॉलिसी के तहत सभी आवेदन पत्रों को दूरसंचार विभाग के केंद्रीय रजिस्ट्री सेक्शन में पंजीकृत किया जाता था, जहां पर प्राप्ति की तारीख और उनका क्रमांक अंकित कर लिया जाता था। केंद्रीय रजिस्ट्री में जमा होने वाली तारीख को ही प्राथमिकता दी जाती थी। इस संदर्भ में 2 नवंबर, 2007 को सूचना और प्रौद्योगिकी मंत्रालय ने प्रधानमंत्री को एक पत्र के द्वारा आश्वस्त किया था कि आवेदन पत्रों को 'पहले आओ, पहले पाओ' के आधार पर ही देखा जा रहा है। जबकि सच्चाई यह है कि ऑडिट में यह तथ्य सामने

आया कि दूरसंचार विभाग ने 'पहले आओ, पहले पाओ' पॉलिसी का न तो पत्रों में और न ही व्यवहार में पालन किया था। मार्च, 2006 से 25 सितंबर, 2007 के बीच जमा कराए गए आवेदन पत्रों को एक ही दिन यानी 10 जनवरी, 2008 को आशय पत्र सौंपा। इतना ही नहीं एक प्रेस रिलीज के द्वारा एक सूचना जारी की गई थी, जिसमें कहा गया कि एक घंटे से पहले ही उसे प्राप्त कर लिया जाए। सभी आवेदकों को आशय पत्र मंत्री के स्तर से जारी किया गया था। 'पहले आओ, पहले पाओ' नीति के मुताबिक उन लोगों को जिन्हें आशय का पत्र दिया गया, सभी शर्तों को पूरा करने के लिए 15 दिनों का समय दिया गया। इसमें प्रदर्शन बैंक गारंटी और वित्तीय बैंक गारंटी को जमा करना भी शामिल था। 'पहले आओ, पहले पाओ' नीति में मापदंड बदलकर कुछ ऐसे भी लाइसेंसधारी थे, जो इस प्रकार के प्रक्रियात्मक परिवर्तनों से उम्मीद लागाए थे, दूरसंचार विभाग द्वारा अधिसूचना जारी होने से पहले की तिथियों के ही डिमांड ड्राफ्ट से स्पेक्ट्रम आवंटन के लिए पहला अधिकार प्राप्त करते थे, वे कतार से कूद गए। इस प्रकार पूरी प्रक्रिया में पारदर्शिता और निष्पक्षता का अभाव रहा और दूरसंचार विभाग की विश्वसनीयता को भी धक्का लगा।

(ज) अयोग्य आवेदकों को लाइसेंस जारी किया गया

यूएएस लाइसेंस को जारी करने के दौरान दूरसंचार विभाग द्वारा आवेदकों की जांच करने की पूरी प्रक्रिया में पारदर्शिता, निष्पक्षता आदि की पूरी तरह से अनदेखी की गई और उन्हें लाइसेंस जारी किया गया। हालांकि वे उसके योग्य नहीं थे। 2008 में 122 में से 85 ऐसे आवेदकों को लाइसेंस जारी किए गए, जो दूरसंचार विभाग द्वारा निर्धारित शर्तों को पूरा नहीं करते थे। साथ ही तथ्यों को दबाकर अधूरी जानकारी दी गई तथा नकली दस्तावेजों को जमा किया गया, ताकि स्पेक्ट्रम के लिए यूएएस लाइसेंस हासिल किया जा सके।

(झ) 2007-08 में स्पेक्ट्रम के संभावित मूल्य में 122 नई यूएएस और 35 दोहरी तकनीकों वाले लाइसेंस जारी किए गए

2008 में 122 लाइसेंसधारकों को 2 जी स्पेक्ट्रम आवंटन के लिए कोई भी हानि प्रकल्पित की जा सकती थी, जबकि यह तय था कि इसके लिए कई प्रकार के निर्धारक कारण मौजूद थे। इनमें मूल्यों में कमी, प्रतिस्पर्धा का स्वरूप, व्यापार का स्वरूप, ऑपरेटरों की संख्या तथा सेक्टर में होने वाले विकास आदि शामिल हैं, जो पूरी तरह से बाजार की स्थिति पर निर्भर करते

थे और किसी खास समय बिंदु पर कीमतों को प्रभावित कर सकते थे। इसके बजाय 2 जी स्पेक्ट्रम के लिए एक विशेष कीमत को पाने का प्रयास किया जाता, जो एक प्रभावशाली बाजार खोज प्रणाली से ही संभव था। हमने ऑडिट रिपोर्ट से प्राप्त रिकॉर्डों पर नजर डालने के बाद देखा है कि इसमें किसी अंकगणितीय और अर्थमितीय मॉडल की मदद नहीं ली गई।

1. एस टेल लिमिटेड जो एक भावी लाइसेंसधारक कंपनी थी और यूएएस लाइसेंस के लिए जुलाई/सितंबर, 2007 में आवेदन किया था, उसने 5 नवंबर 2007 को प्रधानमंत्री को लिखे पत्र में अगले 10 सालों के लिए अच्छा लाभ देने और अतिरिक्त राजस्व उपलब्ध कराने का प्रस्ताव दिया था। कंपनी ने उक्त प्रस्ताव को बढ़ाने का भी प्रस्ताव करते हुए कहा था, यदि कोई काउंटर बोली की स्थिति सामने आती है। उक्त कंपनी ने जो प्रस्ताव दिया था, वह करीब 65,909 करोड़ का था, जो भविष्य के वर्षों में प्राप्त छूट के बाद भी होता, वहीं 122 नए लाइसेंसों और 35 दोहरे तकनीकी लाइसेंसों से मिलने वाली रकम मात्र 12,386 करोड़ रुपये ही प्राप्त हुई थी।

2. ट्राई ने 3 जी स्पेक्ट्रम की नीलामी के लिए सरकार को सितंबर, 2006 में सौंपी गई एक रिपोर्ट में अनुशंसा की थी। 2010 की अपनी रिपोर्ट में उन लोगों ने यह अवलोकन किया कि 2 जी की तुलना 3 जी से और साथ ही 3 जी के लिए वही कीमत अनुशंसित करना, जो 2 जी के लिए 1800 मेगाहर्ट्ज की वर्तमान दर थी, इसमें कुछ भी गलत नहीं है। यदि इन अनुशंसाओं को मान लिया गया होता (हालांकि सरकार ने इसे स्वीकार नहीं किया है) तो 2 जी स्पेक्ट्रम के लिए 122 नए लाइसेंसों को जारी करने और 35 दोहरी तकनीक वाले लाइसेंसों से करीब 1,52,038 करोड़ रुपये मिले होते, जो वर्तमान में प्राप्त की गई रकम से बहुत ज्यादा होते।

3. 2008 में जिन्हें यूएएस लाइसेंस जारी किए गए, उनमें से कई पर्याप्त मात्रा में प्रत्यक्ष विदेशी पूंजी निवेश को आकर्षित करने मे सक्षम हैं। दूरसंचार क्षेत्र में बिना किसी अनुभव के किसी कंपनी का मूल्य मुख्यत: लाइसेंस और स्पेक्ट्रम तक उसकी पहुंच से लगाया जाता है। इसके साथ ही यह विदेशी कंपनियों के लिए मुख्य आधार होता है, जब लाइसेंस मिलने के बाद यह देखा जाता है कि ये कंपनियां इक्विटी के रूप में कितनी बड़ी राशि लगाती हैं। इस आधार पर दूरसंचार विभाग द्वारा तय किए गए 1,658 करोड़ के मुकाबले पैन इंडिया लाइसेंस की कीमत करीब 7,758 करोड़ रुपये से लेकर 9,100 करोड़

के बीच होती है। इस प्रकार से 122 नए लाइसेंसों और 35 दोहरी तकनीकों वाले लाइसेंसों की कीमत 58,000 करोड़ से लेकर 68,000 करोड़ आंकी जाएगी, जबकि वास्तविक राजस्व 12,386 करोड़ है। इस प्रकार विभिन्न संकेतकों के माध्यम से 2007-08 में 2 जी स्पेक्ट्रम के लिए 157 लाइसेंसों को जारी करने का कुल संभावित मूल्य लगभग 58,000 करोड़ रुपये से लेकर 1,52,038 करोड़ रुपये के बीच होना चाहिए।

(ट) 13 मौजूदा ऑपरेटरों को आवंटित स्पेक्ट्रम का अतिरिक्त मूल्य अनुबंधित मात्रा से अलग

दूरसंचार विभाग द्वारा मौजूदा ऑपरेटरों को स्पेक्ट्रमों का आवंटन अनुबंध सीमाओं से अलग हटकर बिना किसी अग्रिम शुल्क के किया गया था। कुल 51 क्षेत्रों में 13 ऑपरेटरों को 2001 की दरों पर जो स्पेक्ट्रम आवंटन किए गए थे, उनकी कीमत 2561 करोड़ रुपये होती है। उपरोक्त तथ्यों के आधार पर उक्त मूल्य बढ़कर 12,000 करोड़ रुपये से 37,000 करोड़ रुपये के बीच होंगे। स्पेक्ट्रम की इस अतिरिक्त मात्रा के लिए चार्ज करने के ट्राई द्वारा 2010 में दिए गए संशोधनों को सरकार ने अभी तक स्वीकार नहीं किया है।

2 जी स्पेक्ट्रम पर सीएजी रिपोर्ट संसद में पेश

सरकार ने 15 नवंबर, 2010 को 2 जी स्पेक्ट्रम आवंटन पर सीएजी रिपोर्ट को संसद में पेश किया। इसके आधार पर तत्कालीन दूरसंचार मंत्री ए राजा को अपने पद से इस्तीफ़ा देना पड़ा।

रिपोर्ट को लोकसभा और राज्यसभा में विपक्ष के भारी हंगामे के बीच पेश किया गया, जिसमें एक संयुक्त संसदीय जांच समिति द्वारा उस घोटाले की जांच की मांग की गई थी, जिसे दो महीने बाद स्वीकार किया गया था।

राजा, जो लोकसभा के सदस्य हैं, रिपोर्ट संसद में पेश किए जाने के वक्त सदन में मौजूद नहीं थे। रिपोर्ट में 2008 में स्पेक्ट्रम की नीलामी नहीं करने की वजह से सरकार को हुए 1.76 लाख करोड़ रुपये की हानि आंकी गई थी। जैसे ही रिपोर्ट का निष्कर्ष मीडिया के बीच आया, विपक्ष ने राजा को हटाने और पूरे मामले की जेपीसी जांच के लिए सरकार पर हमला बोल दिया। राजा ने कहा कि लाइसेंसों के आवंटन में उन्होंने गलत नहीं किया है और उन्होंने अपनी पूर्ववर्ती सरकार द्वारा बनाई गई 1999 की नीतियों का ही अनुसरण किया है। हालांकि आरंभ में उन्होंने इस्तीफा देने से इंकार कर दिया, लेकिन अत्यधिक दबाव के कारण सरकार से उन्हें हटना पड़ा। सीएजी ने 2008 में आवंटित किए

गए स्पेक्ट्रम के दौरान संभावित हानि का आकलन 1,76,645 करोड़ रुपये का किया, जो 3 जी रेडियोवेव के लिए आयोजित नीलामी के आधार पर था। सीएजी ने कहा–'ऐसा लगता है कि दूरसंचार विभाग ने एक ही क्षेत्र में कई लाइसेंसों को जारी करते वक्त ट्राई द्वारा जारी किए गए 'नो कैप' अनुशंसाओं की उपेक्षा की।'

इस पूरे प्रकरण में कई उतार–चढ़ाव देखे गए और इस आधार पर चाहे वह सही हो या गलत, कोई भी यह अनुमान लगा सकता है कि पूरी कवायद मामले को असरहीन करने के लिए की गई। एक ईमानदार न्यायाधीश पाटिल के नेतृत्व में एक समिति का गठन किया गया जिन्होंने दूरसंचार मंत्रालय के दोषियों की कोई मदद नहीं की। न्यायाधीश पाटिल की उक्त रिपोर्ट का अध्ययन करना जरूरी है और उसे उसी रूप में यहां प्रस्तुत किया जा रहा है।

जस्टिस शिवराज पाटिल समिति की रिपोर्ट

13 दिसंबर, 2010 को सरकार ने सेवानिवृत्त न्यायधीश शिवराज पाटिल की अध्यक्षता में एक सदस्यीय समिति का गठन किया। एक सदस्यीय समिति के गठन का उद्देश्य दूरसंचार विभाग द्वारा साल 2001-2009 के बीच 2 जी लाइसेंसों और स्पेक्ट्रमों के आवंटन में आंतरिक प्रक्रियाओं के अनुपालन और उनमें कमियों के बारे में जानना था। एक सदस्यीय समिति ने अपनी रिपोर्ट 31 जनवरी, 2011 को सौंप दी।

रिपोर्ट के सबसे अहम खुलासों में से एक यह था कि 2001 के बाद से सरकार और दूरसंचार विभाग द्वारा आंतरिक रूप से अपनायी गई प्रक्रिया मौजूदा नीतियों और सरकार के निर्देशों के अनुरूप नहीं थी। ऐसा लगा कि दूरसंचार विभाग द्वारा 2003 के बाद से यूएएसएल लाइसेंस और स्पेक्ट्रमों के आवंटन जिसमें 2007-08 की कार्रवाई भी शामिल है, वह न तो 31 अक्टूबर, 2003 के केंद्रीय कैबिनेट के निर्णयों के अनुसार था और न ही ट्राई की अनुशंसाओं के मुताबिक था।

एक सदस्यीय समिति के निष्कर्ष

• संदर्भ की अवधि-1

दूरसंचार क्षेत्र में हुए विकास और उन परिस्थितियों का अध्ययन जिसके कारण नई दूरसंचार नीति 1999 बनाने की जरूरत हुई, साथ ही 2001 में चौथे सेल्युलर टेलीकॉम मोबाइल सर्विस लाइसेंस का परिचय–

पैरा 1.1 से लेकर 1.42 तक : 1994 की नई दूरसंचार नीति को इसलिए तैयार किया गया था, ताकि दूरसंचार क्षेत्र को विश्वस्तरीय बनाने का लक्ष्य हासिल

किया जा सके। इसके साथ ही सभी के लिए कम लागत और उचित कीमतों पर इसे उपलब्ध कराया जा सके जिसमें सभी गांव भी शामिल हों। हालांकि यह सेल्युलर और बुनियादी ऑपरेटरों द्वारा कम राजस्व देने के कारण हासिल नहीं किया जा सका। इसके कारण नई दूरसंचार नीति 1999 को केंद्रीय कैबिनेट ने मंजूरी दी, ताकि एक सस्ती और प्रभावी दूरसंचार व्यवस्था तैयार की जा सके। 1999 की नई दूरसंचार नीति राजस्व में साझे की व्यवस्था को लाई, जिसमें राजस्व की साझेदारी के साथ एक बार प्रवेश शुल्क तथा लाइसेंस शुल्क के भुगतान को रखा गया।

नई दूरसंचार नीति 1999 और ट्राई की अनुशंसाओं के आधार पर चौथे सेल्युलर ऑपरेटरों को वर्ष 2001 में सभी के लिए बोली प्रक्रिया के आधार पर लाया गया।

• संदर्भ की अवधि-2

दूरसंचार विभाग द्वारा वर्ष 2001-2009 की अवधि के दौरान दूरसंचार सेवाओं की पहुंच और सभी दूरसंचार सेवाओं के लाइसेंस और स्पेक्ट्रम के आवंटन में अपनायी गई विभाग की अंत:प्रक्रिया की जांच।

पैराग्राफ 2.1 से लेकर 2.120 तक: एक सदस्यीय समिति ने दूरसंचार विभाग द्वारा 2001-2009 की अवधि के दौरान संगठनात्मक संरचना और व्यापार/विभिन्न विभागों के काम-काज और उनके पदानुक्रम के बारे में जांच की। इसके साथ ही नौवीं और दसवीं पंचवर्षीय योजनाओं पर भी ध्यान दिया गया। 2001-2003 की अवधि के दौरान बुनियादी सर्विस लाइसेंसों, 2001-2003 के दौरान सीएमटीएस लाइसेंस, 2004-2007 के बीच यूएएसएल लाइसेंस, 2008-2009 के बीच सीएमटीएस, बीटीएस और यूएएसएल लाइसेंसों के आवंटनों के लिए अपनायी गई पूरी प्रक्रिया का भी खुलासा किया गया।

• संदर्भ की अवधि-3

यह जांच करने के लिए कि इस दौरान अपनायी गई प्रक्रिया दूरसंचार विभाग/सरकार द्वारा तय किए गए निर्देशों के अनुसार थी या नहीं।

एक सदस्यीय समिति ने लिखा है–

> "दूरसंचार विभाग द्वारा अपनायी गई आंतरिक प्रक्रिया पूरी तरह से दूरसंचार विभाग और सरकार के निर्देशों के अनुरूप नहीं थी...।"

(पैराग्राफ 3.3/पृष्ठ 89)

27 अक्टूबर, 2003 को अपनी एक सिफारिश में ट्राई ने यह भी अनुशंसा की थी–

"बोली की प्रक्रिया में अतिरिक्त खिलाड़ियों को भी शामिल किया जा सकता है, जिसे केंद्रीय कैबिनेट ने 31 अक्टूबर, 2003 को स्वीकार किया था। हालांकि सचिव दूरसंचार विभाग ने 17 नवम्बर, 2003 को बीएसएल लाइसेंसों को जारी करने की प्रक्रिया की तर्ज पर ही यूएएसएल लाइसेंसों के लिए आवेदनों को स्वीकार करने को अपनी सहमति दी थी...।''

(पैराग्राफ 3.2 (1)/पृष्ठ 84)

"...इसके अलावा 24 नवम्बर, 2003 को मंत्री ने यूएएसएल लाइसेंसों के लिए जारी प्रक्रिया को 'पहले आओ, पहले पाओ' के आधार पर अपनी सहमति दी, जो सीधे तौर पर बोली प्रक्रिया के विरुद्ध थी और यह सब वर्तमान नीतियों की खुलेआम उपेक्षा थी...।"

(पैराग्राफ 3.2 (1)/पृष्ठ 84)

"...दूरसंचार विभाग का यह कहना कि नये ऑपरेटरों से प्रवेश शुल्क के लिए जमा की गई राशि चौथे ऑपरेटर द्वारा भुगतान की गई राशि 24 नवम्बर, 2003 की अनुशंसित प्रक्रियाओं के मुताबिक थी, सीधे तौर पर नई दूरसंचार नीति 1999 के विपरीत थी...।"

(पैराग्राफ 3.2 (2)/पृष्ठ 85)

"...यदि बोली प्रक्रिया से संबंधित 27 अक्टूबर, 2003 के ट्राई की सिफारिशें स्वीकार करने योग्य नहीं थीं या एक नई प्रक्रिया बनाए जाने की जरूरत थी तो निश्चित रूप से संशोधनों को वापस ट्राई को भेजा जाना चाहिए था, लेकिन ऐसा नहीं हुआ। यहां तक कि दूरसंचार आयोग ने भी इस पर कोई विचार नहीं किया...।"

(पैराग्राफ 3.2 (3) पृष्ठ 85)

"...'पहले आओ, पहले पाओ' सिद्धांत के मुताबिक, यूएएसएल लाइसेंसों के लिए आने वाले आवेदनों पर बिना कोई प्रतिबंध लगाए सीधे तौर पर वर्तमान नीतियों की उपेक्षा करना है...।"

(पैराग्राफ 3.2 (5) पृष्ठ 86)

"...प्रवेश शुल्क में संशोधन किए बिना लाइसेंस तथा स्पेक्ट्रम के आवंटन के लिए आश्वासन दे दिया गया, यह वर्तमान नीति के विरुद्ध था...।"

(पैराग्राफ 3.2 (8) पृष्ठ 86)

"...2004 से 2008 की अवधि के बीच जब प्रवेश शुल्क के निर्धारण तथा लागत के लिए प्रतिस्पर्धी बोली का अनुपालन नहीं किया गया और प्रवेश शुल्क को संशोधित नहीं किया गया तो वित्त मंत्री की सहमति ली जानी चाहिए थी।...।"

(पैराग्राफ 3.2 (9) पृष्ठ 87)

"...यूएएसएल लाइसेंसों को जारी करने के लिए दूरसंचार विभाग ने खुद ही राय बनाई और इस प्रकार से कानून और न्याय मंत्रालय की उपेक्षा की...।"

(पैराग्राफ 3.2 (10) पृष्ठ 87)

"...यूएएसएल लाइसेंसों को जारी करने के लिए ऐसी प्रक्रिया तैयार की गई और आने वाले उन्हीं आवेदनों पर विचार किया गया जो 25 सितम्बर, 2007 तक जमा हुए थे, जबकि आवेदनों के जमा करने की अंतिम तारीख 1 अक्टूबर, 2007 का कोई जिक्र पूरी प्रक्रिया में कहीं नहीं था, साथ ही यह कानून के मुताबिक खासकर पारदर्शिता के सिद्धांतों और निष्पक्षता का भी पालन नहीं करता था...।"

(पैराग्राफ 3.2 (11) पृष्ठ 87)

"...7 जनवरी, 2008 के पहले दूरसंचार विभाग में आवेदन प्राप्त करने की तारीख 'पहले आओ, पहले पाओ' के प्रयोजन के लिए रखी गई थी, लेकिन 7 जनवरी, 2008 के बाद आशय पत्र 'पहले आओ, पहले पाओ' के प्रयोजन के लिए गिना गया था, जो वर्तमान नीति से मेल नहीं खा रहा था...।"

(पैराग्राफ 3.2 (12) पृष्ठ 87)

"... 22 फरवरी, 2001 को दूरसंचार विभाग ने 4.4+4.4 मेगाहट्र्ज से ऊपर के अतिरिक्त स्पेक्ट्रमों के आवंटन के लिए एक नीति तैयार करने का आदेश दिया था। इसकी उपलब्धता और इसके औचित्य तथा स्पेक्ट्रम के महत्तम उपयोग को लेकर नीतियों के विरोध मे था, साथ ही इसका औचित्य भी निष्पक्षता और पारदर्शिता के सिद्धांतों के खिलाफ था...।"

(पैराग्राफ 3.2 (14) पृष्ठ 88)

"...दूरसंचार विभाग के वीएएस सेल द्वारा 12 नवम्बर, 2001 को एक आदेश जारी किया गया, जिसमें 1.8+1.8 मेगाहट्र्ज से ऊपर के अतिरिक्त स्पेक्ट्रम के आवंटन के लिए आदेश जारी किया गया था। बिना किसी ट्राई

की सिफारिश या दूरसंचार आयोग या डब्लूपीसी विंग की सहमति के अभाव में उठाया गया यह कदम मौजूदा नीतियों और नियमों के विरुद्ध था...।"

(पैराग्राफ 3.2 (15) पृष्ठ 88)

"...दूरसंचार विभाग द्वारा 1 फरवरी, 2002 को सीएमटीएस ऑपरेटरों को अतिरिक्त 1.8+1.8 मेगाहर्ट्ज का स्पेक्ट्रम प्रदान करने के लिए तैयार की गई प्रक्रिया, दूरसंचार आयोग की सहमति के बिना थी और वह मौजूदा नियमों के विरुद्ध थी...।"

(पैराग्राफ 3.2 (16) पृष्ठ 88)

"...दूरसंचार विभाग ने इस प्रकार की प्रक्रिया तैयार की थी जिसके तहत सेल्युलर ऑपरेटरों से वही प्रवेश शुल्क लिया जाना था, जो 2003 के बाद से नए यूएएसएल ऑपरेटरों से लिया गया था। इसका वित्तीय पहलू भी था और स्पेक्ट्रम की कीमतों से भी संबंधित था। यह न केवल ट्राई की सिफारिशों के विपरीत था, बल्कि वित्त मंत्री की सहमति के बगैर लिया गया था।"

(पैराग्राफ 3.2 (18) पृष्ठ 89)

• संदर्भ की अवधि-4

यह जांचने के लिए कि इन प्रक्रियाओं का अनुसरण किया गया या नहीं, यदि नहीं तो उन विशिष्ट दृष्टांतों का पता लगाना कि (1)स्थापित प्रक्रियाओं से हटकर विचलन कैसे हुआ, (2)स्थापित प्रक्रियाओं में अनुपयुक्त आवेदनों का आना, (3) स्थापित प्रक्रियाओं में निर्धारित सिद्धांतों का उल्लंघन कैसे हुआः

2001 से 2009 के दौरान 25 ऐसे विशिष्ट उदाहरणों की ओएमसी ने पहचान की, जिनमें नियमों की उपेक्षा, अनुपयुक्त आवेदन और निर्धारित प्रक्रियाओं का सीधा उल्लंघन हुआ। अन्य कारणों के साथ इसमें यह भी शामिल था कि 2001 में बीएसएल के अनुदानों में कमियों को सुधारने के लिए समय सीमा में विस्तार, यूएएसएल की मंजूरी के लिए लंबित आवेदनों की प्रोसेसिंग में की गई देरी, अधिक मात्रा में स्पेक्ट्रमों का जारी किया जाना, 2007 में विभिन्न मानदंडों के उल्लंघन किए जाने के बावजूद आशय का पत्र जारी करने के साथ ही 2007 में लाइसेंस जारी करने के दौरान 'पहले आओ, पहले पाओ' की नीति में छेड़छाड़ आदि हैं।

• संदर्भ की अवधि-5

जांच करने के लिए जो प्रक्रिया अपनायी गई थी, वह निष्पक्ष और पारदर्शी थी। इसके साथ ही वह प्राकृतिक न्यायिक सिद्धांत के अनुरूप थी, यदि नहीं तो उन दृष्टांतों की पहचान, जहां पर निष्पक्षता और पारदर्शिता की उपेक्षा हुई थी:

2001-09 के बीच दूरसंचार विभाग द्वारा लाइसेंसों को जारी करने और स्पेक्ट्रम का आवंटन करने के दौरान एक सदस्यीय आयोग ने 16 ऐसे दृष्टांतों का खुलासा भी किया था, जिनमें निष्पक्षता और पारदर्शिता का अभाव रहा था।

अन्य उदाहरणों के अतिरिक्त इन विशिष्ट दृष्टांतों में ऐसे भी शामिल थे मसलन, 2001 में बीएसएल लाइसेंसों को जारी करने में 'पहले आओ, पहले पाओ' की नीति की उपेक्षा, 24 नवम्बर, 2003 को यूएएसएल लाइसेंस जारी करने के लिए कैबिनेट के निर्णय के विरुद्ध 'पहले आओ, पहले पाओ' नीति को एक कसौटी के रूप में प्रस्तुत करना, पर्याप्त इक्विटी की गणना के दौरान तरजीह देने वाले शेयरों को शामिल करने के संबंध में 14 दिसम्बर, 2005 को जारी किए गए यूएएसएल दिशा-निर्देशों में अस्पष्टता, 'पहले आओ, पहले पाओ' की नीति के लिए आशय का पत्र जारी करने वाले आवेदन पत्रों को प्राथमिकता देने के लिए 10 जनवरी, 2008 को प्रेस रिलीज जारी करना, जो बाद में यूएएसएल लाइसेंस जारी करने के लिए एक महत्त्वपूर्ण शर्त बन गया।

• संदर्भ की अवधि-6

प्रक्रिया को तैयार करने में उन कमियों का पता लगाना और यदि कोई हो तो उन सरकारी अधिकारियों की पहचान करना जो इन खामियों और कमियों के लिए जिम्मेदार थे।

• संदर्भ की अवधि-7

निर्धारित प्रक्रिया के कार्यान्वयन में होने वाली खामियों का पता लगाना और यदि कोई हो तो उन सरकारी अधिकारियों की पहचान करना, जो इन खामियों के लिए जिम्मेदार थे:

रिपोर्ट ने जो खुलासा किया, उसके मुताबिक 2001 से लेकर 2009 तक यूएएसएल लाइसेंस जारी करने और स्पेक्ट्रमों के आवंटन में भारी अनियमितता सामने आई। इस प्रकार की कमियों से संबंधित 17 ऐसे उदाहरण मौजूद हैं, जो संदर्भ की अवधि-6 से तथा 20 ऐसे मामले थे, जो संदर्भ की अवधि-7 से

संबंधित थे, जहां पर लिए गए निर्णयों में चूक स्पष्ट सामने आई जिनमें सरकारी अधिकारी से लेकर सचिव तथा तत्कालीन मंत्री तक शामिल थे। इस दौरान सरकारी अधिकारियों द्वारा बरती गई कई अनियमितताएं सामने आईं, खास-तौर पर 2003-04 और 2007-08 की अवधि के दौरान।

हालांकि एक सदस्यीय समिति को इस प्रकार की शक्ति प्राप्त नहीं है कि वह किसी भी व्यक्तिगत दोषी से पूछताछ कर सके या उसके बयानों को रिकॉर्ड कर सके, इसलिए ये सभी आरोप प्राथमिक दृष्टि की प्रकृति के लगते हैं, जो इन संबंधित अधिकारियों को कोई अवसर दिए बगैर हैं। इसलिए इस रिपोर्ट में यह भी स्पष्ट कर दिया गया है कि अधिकारियों की पहचान इन खामियों के लिए बिना किसी अपराध, दोष या वित्तीय निहितार्थ जैसे परिणामों के की गई हैं। दूरसंचार विभाग अपनी स्थापित प्रक्रिया के मुताबिक इन अधिकारियों पर अनुशासनात्मक कार्रवाई करेगा, हालांकि इसके लिए उन्हें अपनी बात कहने का मौका भी दिया जाएगा। इस तरह से पूरे मामले की जांच करने वाली एजेंसी को उक्त रिपोर्ट उपलब्ध कराई जा रही है और वह इसमें उन लोगों पर उचित कार्रवाई करेगी, जिन पर आपराधिक दोषी होने का आरोप हैं।

• संदर्भ की अवधि-8

भविष्य को देखते हुए यह सुझाव देने के लिए, ताकि (क) प्रक्रियाओं के निर्माण में कोई कमी न रह पाए, (ख) निर्धारित प्रक्रियाओं के कार्यान्वयन में कोई खामी न रहने पाए:

- रिपोर्ट ने इस प्रकार के उपचारी कदम उठाने का सुझाव दिया, ताकि भविष्य में प्रक्रियाओं के निर्माण में कोई खामी और उन प्रक्रियाओं के कार्यान्वयन में कोई कमी न रह पाए। यह सलाह भी दी गई है कि चयन के लिए 'पहले आओ, पहले पाओ' के बजाय योग्यता, पारदर्शी, उचित, निष्पक्ष और निश्चित प्रक्रिया को आधार बनाया जाए।

  (पैराग्राफ 8.1(1) पृष्ठ 136)

- रिपोर्ट में आगे यह भी सिफारिश की गई है कि उन प्रक्रियाओं को तैयार करने की जरूरत है जिनमें आवेदनों को प्राप्त करने, उनकी छंटनी आदि करने के लिए समय सीमा तय करना, योग्य और अयोग्य पाए गए आवेदनों का रिकॉर्ड रखना और लिखित रूप में सूचित करना भी शामिल है।

  (पैराग्राफ 8.1(2)और (3) पृष्ठ 137)

- तैयार की गई प्रक्रिया सरकार के दिशा-निर्देशों और नीतियों पर आधारित होनी चाहिए, साथ ही दूरसंचार आयोग द्वारा प्रमाणीकृत भी होनी चाहिए।

(पैराग्राफ 8.1 (4) पृष्ठ 138)

- यदि स्थापित प्रक्रिया में किसी प्रकार का परिवर्तन किया जाता है, तो उसे कार्यान्वयन होने से पहले ही अधिसूचित किया जाना चाहिए।

(पैराग्राफ 8.1 (5) पृष्ठ 138)

- निर्धारित प्रक्रिया में केवल वर्गीकरण ही नहीं होना चाहिए, बल्कि अपनी योग्यता साबित करने के लिए उचित दस्तावेज भी निर्दिष्ट होने चाहिए।

(पैराग्राफ 8.1 (6) पृष्ठ 138)

- निर्धारित प्रक्रिया में व्यापक रूप से चेक लिस्ट शामिल होने के साथ-साथ निर्धारित आवेदन पत्र में इसको भी शामिल किया जाना चाहिए।

(पैराग्राफ 8.1 (7) पृष्ठ 138)

- 'आंतरिक दूरसंचार आयोग' को खत्म करने का सुझाव दिया गया है। कहा गया है कि सभी महत्त्वपूर्ण मामलों को 'पूर्ण दूरसंचार आयोग' के सामने रखा जाना चाहिए।

(पैराग्राफ 8.1 (8) पृष्ठ 139)

- ऐसी प्रक्रिया बनाने की आवश्यकता है जिसमें ट्राई की सिफारिशों को निर्दिष्ट समय सीमा के भीतर दूरसंचार आयोग के सामने रखा जाए।

(पैराग्राफ 8.1 (9) पृष्ठ 139)

- यह सलाह भी दी गई कि एक्सेस सर्विस लाइसेंस और स्पेक्ट्रमों के आवंटन के लिए इस प्रकार का एक आत्मनिहित कार्यालय अनुमोदन तैयार किया जाए, जिसे दूरसंचार आयोग का अनुमोदन प्राप्त हो।

(पैराग्राफ 8.1 (10) पृष्ठ 139)

- इसके पर्यवेक्षण के लिए समुचित दूरसंचार आयोग को इस योग्य बनाया जाना चाहिए।

(पैराग्राफ 8.1 (11) पृष्ठ 140)

- दूरसंचार विभाग को लोक क्षेत्र में, स्पेक्ट्रम आवंटन के लिए विभिन्न एजेंसियों को रखा जाना चाहिए।

(पैराग्राफ 8.1 (14) पृष्ठ 140)

- आवंटित किए गए सभी स्पेक्ट्रमों का ऑडिट होना चाहिए, ताकि उनके कुशल और उचित प्रयोगों का निर्धारण किया जा सके।

(पैराग्राफ 8.1 (15) पृष्ठ 141)

- कुशलता के साथ उपयोग के लिए व्यापक स्पेक्ट्रम सुधारों की अनुशंसा की गई है। प्रयोग नहीं किए जा रहे स्पेक्ट्रम को प्रोत्साहित करने तथा होर्डिंगों पर दंड लगाने की जरूरत है।

(पैराग्राफ 8.1 (16) पृष्ठ 141)

- स्पेक्ट्रम आवंटन की प्रक्रिया को लाइसेंस प्रक्रिया से अलग करने तथा प्रवेश शुल्क और स्पेक्ट्रम मूल्य निर्धारण को उसी के मुताबिक बनाने की सलाह दी गई। उपर्युक्त डिजाइन तैयार करने के बाद स्पेक्ट्रम की नीलामी की सलाह दी गई।

(पैराग्राफ 8.1 (18) पृष्ठ 141)

- 'रेडियो संचार अधिनियम' नामक एक व्यापक नये कानून बनाने की आवश्यकता पर जोर दिया गया।

(पैराग्राफ 8.1 (19) पृष्ठ 142)

निष्कर्ष

2001 के बाद विभिन्न सरकारों द्वारा समय-समय पर लिए गए विभिन्न निर्णयों, यूएएसएल और बीएसएल लाइसेंसों तथा स्पेक्ट्रमों के आवंटन को लेकर 'पहले आओ, पहले पाओ' की नीति की उत्पत्ति तथा इसे जनता के सामने लाने जैसे विषयों के लिए हमने एक सदस्यीय समिति का गठन किया।

2001 से 2009 की अवधि के बीच हुए लाइसेंसों और स्पेक्ट्रमों के आवंटन में दोषी सभी सरकारी अधिकारियों के दोषों की जांच करने वाली जांच एजेंसी को यह पूरी रिपोर्ट दी जाएगी—

- कैबिनेट सचिवालय के अतिरिक्त सचिव ने 3 नवंबर, 2003 को अपनी पत्र संख्या 30/सीएम/2003 में लिखा कि 31 अक्टूबर, 2003 को कैबिनेट की बैठक में दूरसंचार और प्रौद्योगिकी मंत्रालय के उस पत्र पर विचार किया। 'जिसमें दूरसंचार मामलों के मंत्रियों के समूह द्वारा सिफारिशों को स्वीकृत' माना और पैराग्राफ 4.1 में वर्णित प्रस्तावों को स्वीकृत किया।

(फ्लैग ए)

- 31 अक्टूबर, 2003 को दूरसंचार और प्रौद्योगिकी मंत्रालय द्वारा तैयार किए गए पत्र का पैराग्राफ 4.1 (3) यह कहता है कि इसे कैबिनेट की स्वीकृति प्राप्त है। पैराग्राफ 2.4.6 सर्वव्यापी लाइसेंस संबंधित है।

(फ्लैग बी)

- उपरोक्त नोट का पैराग्राफ 2.4.6 (2) के मुताबिक कैबिनेट को लिखा नोट कहता है–"बेसिक और सेल्युलर सेवाओं के लिए यूनीफाइड एक्सेस लाइसेंसिंग रिजाइम के लिए ट्राई की सिफारिशें स्वीकृत की जाती हैं।"

(फ्लैग सी)

- नई सेवा प्रदान करने वालों के लिए ट्राई की सिफारिशों का पैराग्राफ 7.39 कहता है– "क्योंकि मौजूदा खिलाड़ियों के पास अपने स्पेक्ट्रम का प्रयोग करने के लिए गुणवत्ता सुधारने की क्षमता है और यदि सरकार अतिरिक्त स्पेक्ट्रम उपलब्धता की संस्तुति करती है तो इस लाइसेंसिंस प्रक्रिया में वे अतिरिक्त खिलाड़ियों को चौथे सेल्युलर ऑपरेटर की तर्ज पर बहुस्तरीय बोली के रूप में पेश कर सकते हैं।"

(फ्लैग डी)

इस प्रकार से एक सदस्यीय समिति ने निम्न अवलोकनों को पाया–

- "...27 अक्टूबर, 2003 को अपनी सिफारिशों में ट्राई ने यह भी कहा था कि बहु-बोली प्रक्रिया में अतिरिक्त खिलाड़ियों को भी शामिल किया जा सकता है जिसे केंद्रीय कैबिनेट ने 31 अक्टूबर, 2003 को स्वीकृति भी प्रदान की थी। हालांकि उक्त कथनों से हटते हुए दूरसंचार सचिव ने 17 नवम्बर, 2003 को यूएएसएल लाइसेंसों के लिए आवेदनों को स्वीकार करने के लिए बीएसएल जैसी प्रक्रिया को अपनी सहमति दी थी...।"

(पैराग्राफ 3.2 (1) पृष्ठ 84)

- इसके अतिरिक्त यूएएसएल लाइसेंसों को प्रदान करने के लिए बहु-पार्टियों की बोली प्रक्रिया के विरुद्ध 'पहले आओ, पहले पाओ' के आधार पर प्रक्रिया बनाने को अपनी सहमति दी, जो सीधे तौर पर वर्तमान नीतियों के विपरीत था...।"

(पैराग्राफ 3.2 (1) पृष्ठ 84)

- "...अपने विपरीत दूरसंचार विभाग ने 24 नवम्बर, 2003 को अपनी सिफारिशों में नये ऑपरेटरों से चौथे ऑपरेटरों को ही भुगतान शुल्क की

तर्ज पर प्रवेश शुल्क लेने के लिए कहा, जो राष्ट्रीय दूरसंचार पॉलिसी 99 के विपरीत था...।''

(पैराग्राफ 3.2 (2) पृष्ठ 85)

विकिपीडिया और 2 जी घोटाला

2 जी स्पेक्ट्रम घोटाले में भारत सरकार के मंत्री और अधिकारी संलिप्त हैं, जिन्होंने सेलफोनों के लिए आवृत्ति आवंटन लाइसेंस प्रदान करने तथा 2 जी सदस्यता बनाने के लिए मोबाइल कंपनियों से अवैध रूप से पैसे लिए। भारत के नियंत्रक एवं महालेखाकार परीक्षक की एक रिपोर्ट के मुताबिक 3 जी लाइसेंस जारी करने में जो पैसा जमा हुआ, उसमें सरकार को कुल, 176,379 करोड़ (यूएस 39.16 बिलियन) की हानि हुई। 2 जी लाइसेंस जारी करने का काम 2008 में हुआ था, लेकिन घोटाला जनता के सामने तब आया, जब भारतीय आयकर विभाग ने राजनीतिक लॉबीस्ट नीरा राडिया मामले की जांच की और सर्वोच्च न्यायालय ने सुब्रह्मण्यम् स्वामी के मामले को संज्ञान में लिया (केस का प्रकार : रिट पीटिशन (सिविल), केस संख्या 10, साल 2011)(1) वह केस जो कि सर्वोच्च न्यायालय के साथ दायर जनहित याचिका का विवरण है: रिट याचिका (सीविल) केस संख्या: 423, साल 2010(2)।

वे एनडीए सरकार के पूर्व दूरसंचार मंत्री अरुण शौरी थे, जिन्होंने घोटाले को पर्दाफाश करने में मुख्य भूमिका निभाई और टेलीफोन लाइसेंसों को जारी करने में बनाई गई यूपीए सरकार की नीतियों की कई खामियों को उजागर किया।

2008 में भारत सरकार के गृह मंत्रालय और प्रधानमंत्री कार्यालय से अनुमति मिलने के बाद आयकर विभाग ने नीरा राडिया के फोनों की जांच आरंभ की। यह सब कुछ उस मामले की जांच के तहत किया गया जिसमें यह आरोप था कि नीरा राडिया एक जासूस के रूप में काम कर रही थी।

करीब 300 दिनों के रिकॉर्ड किए गए कई टेप मीडिया के हाथ लग गए और वे लीक हो गए। मीडिया में लीक हुए इन टेपों पर काफी हो-हल्ला हुआ और मीडिया ने इसे नीरा राडिया टेप विवाद का नाम दिया। इन टेपों में कुछ वार्तालाप थे, जो राजनेताओं, जर्नलिस्टों और उद्योगपतियों के बीच हुए थे। राजनेता मसलन करुणानिधि, जर्नलिस्ट जैसे बरखा दत्त, वीर सांघवी और कई अन्य उद्योगपतियों के रूप में कुछ समूह भी थे, जैसे टाटा ग्रुप जिन्होंने या तो इसमें सीधे तौर पर भाग लिया था या इन टेपों में इनकी चर्चा थी।

2 जी स्पेक्ट्रम मामले में संलिप्त प्रभावशाली हस्तियां

लाइसेंस जारी करने में मुख्य रूप से चार समूह शामिल थे, जिन्होंने सबसे अधिक लोगों का ध्यान आकर्षित किया। इनमें शामिल थे–राजनेता, जिनके पास लाइसेंस बेचने का अधिकार था। नौकरशाह, जिन्होंने पॉलिसी को निर्धारित किया और उन्हें प्रभावित करने में भूमिका निभाई। ऐसे निगम जो लाइसेंस खरीद रहे थे और मीडिया से जुड़ी शख्सियतें जिन्होंने एक या किसी इच्छुक समूह के हितों की चिंता करते हुए नेताओं और निगमों के बीच मध्यस्थता की।

इसमें संलिप्त राजनेता

- **ए. राजा** पूर्व दूरसंचार, सूचना और प्रौद्योगिकी मंत्री थे, जिनके कार्यकाल में विवादास्पद दूसरे दौर का स्पेक्ट्रम आवंटन का सौदा हुआ था। राजा जो कि द्रमुक मुणेत्र कड़गम पार्टी के नीलगिरी लोकसभा क्षेत्र से सांसद हैं। उन्हें लोगों की हाय–तौबा के कारण अपने पद से इस्तीफा देना पड़ा। पिछले आम चुनाव में जब यूपीए दोबारा सत्ता में आई तो उन्हें फिर से दूरसंचार मंत्री बनाया गया। हालांकि इसके विरोध में कई अर्थशास्त्रियों और दूसरे राजनीतिक दलों ने विरोध किया था। ऐसा इसलिए भी हुआ क्योंकि डीएमके का लगातार दबाव था और वह कांग्रेस के प्रमुख घटकों में से एक थी। 2 फरवरी 2011 को राजा को गिरफ्तार करना पड़ा क्योंकि उन पर आरोप था कि उन्होंने स्पेक्ट्रमों के आवंटन में कुछ खास कंपनियों को मामूली कीमतों पर करने के लिए नियमों के साथ छेड़छाड़ की। 2 फरवरी को गिरफ्तारी के बाद डीएमके पार्टी के सदस्यों और कार्यकर्ताओं ने एक प्रस्ताव पारित करते हुए दावा किया कि गिरफ्तारी से यह जाहिर नहीं होता कि वे दोषी हैं। उन्होंने

आरोप लगाया कि अपने राजनीतिक उद्देश्यों के लिए विपक्षी पार्टियां उन्हें अपना निशाना बना रही हैं। वर्तमान में रविवार 3 अप्रैल, 2011 तक वे बाहरी दिल्ली की तिहाड़ जेल में बंद रहे। केंद्रीय जांच एजेंसी सीबीआई ने राजा के कई घरों, कार्यालयों और दूसरे एनजीओ सहित उनसे संबंधित अन्य ठिकानों पर छापे मारे हैं।

- **एम. करुणानिधि** तमिलनाडु के मुख्यमंत्री और डीएमके पार्टी के प्रमुख हैं। विवादास्पद राडिया टेप इस ओर इशारा करता है कि निगमों के साथ हुई उक्त सौदेबाजी में उनकी पत्नी और उनकी बेटी भी लाभ उठाने वालों में शामिल थी। कलैग्नार टीवी चैनल, जिसके मालिक करुणानिधि और उनका परिवार है, पर हाल ही में स्पेक्ट्रम घोटाले के संदर्भ में छापेमारी हुई थी। सीबीआई ने यह रहस्योद्घाटन किया है कि कलैग्नार टीवी में पैसा लगा होने के सबूत भी मिले हैं।
- **कनिमोझी** डीएमके प्रमुख और तमिलनाडु के मुख्यमंत्री करुणानिधि की बेटी व सांसद हैं। नवंबर, 2010 में आउटलुक पत्रिका ने लाबीस्ट नीरा राडिया और कनिमोझी के बीच मई, 2009 तक हुई बातचीत के 6 टेपों को प्रकाशित किया। पत्रिका इंडिया टुडे का दावा है कि इन वार्तालापों से यह पता चलता है कि कनिमोझी ने अपने पिता की ओर जा रही सूचनाओं पर नजर रखी और इस प्रकार से ए राजा, जो 2008 में 2 जी वायरलेस स्पेक्ट्रम आवंटन के दौरान सूचना और प्रौद्योगिकी मंत्री थे, के पक्ष में माहौल बनाया।
- लीडिया पोलग्रीन **द न्यूयॉर्क टाइम्स** की दिल्ली संवाददाता ने कहा कि राजा का दूरसंचार मंत्री के रूप में उदय इस बात का 'प्रतीक' है कि किस प्रकार से भारत में राजनीति अपना काम करती है–डीएमके एक राजनीतिक पार्टी की अपेक्षा एक विशाल पारिवारिक व्यापार का साम्राज्य ज्यादा लगती है। इसके साथ ही उसने राजा और कनिमोझी के करीबी रिश्ते का भी खुलासा किया। एनजीओ 'तमिल मईयम' और उसकी निदेशक कीनमोझी पर सीबीआई छापे के बाद उन्होंने कहा कि– डीएमके पार्टी इस सीबीआई जांच से साफ निकलकर बाहर आएगी। उन्होंने कहा– "कानून अपना काम कर रहा है, यह वह प्रक्रिया है, जो यह साबित करने के लिए है कि हम दोषी नहीं हैं।"

संलिप्त नौकरशाह

- **सिद्धार्थ बेहुरा,** पूर्व दूरसंचार सचिव जो 2 जी स्पेक्ट्रम आवंटन के दौरान दूरसंचार विभाग में थे।
- **पी. जे. थॉमस,** 2 जी स्पेक्ट्रम आवंटन के दौरान दूरसंचार विभाग में सचिव थे। हालांकि अभी तक सीबीआई ने उनसे किसी प्रकार की पूछताछ नहीं की है, क्योंकि वे सतर्कता विभाग के प्रमुख बन गए थे, लेकिन अपने दागी रिकॉर्ड के कारण सर्वोच्च न्यायालय ने उन्हें इस पद से हटा दिया है।
- **प्रदीप बैजल** पर आरोप है कि जब वे ट्राई के प्रमुख थे, तब उन्होंने कुछ खास टेलीकॉम कंपनियों को लाभ पहुंचाने के लिए नीतियों को तैयार करने का काम किया था। सेवानिवृत्ति के बाद बैजल ने निओसिस नामक एक सलाहकार संस्था ज्वॉइन कर ली।
- **राजा** ने 2008 में लिए गए अपने निर्णयों के लिए बैजल द्वारा 2003 में बनाई गई नीतियों को आधार बनाया था, जिस पर अरुण शौरी और कई मीडिया के दिग्गजों ने सवाल उठाया था। इस नौकरशाह के घर और कार्यालयों पर जांच के क्रम में सीबीआई ने हाल ही में छापेमारी की थी।
- **आर. के. चंदौलिया,** यूपीए-1 के दौरान राजा के निजी सचिव थे, जब लाइसेंस जारी किए गए थे। वे 1984 बैच के भारतीय इकॉनोमिक सेवा के अधिकारी रह चुके थे। जब यूपीए-2 में राजा एक बार फिर से दूरसंचार मंत्री बने तो चंदौलिया की पदोन्नति कर संयुक्त सचिव का अधिकारी बना दिया गया। राजा ने उन्हें अपना आर्थिक सलाहकार बनाया, जिससे उन्हें सभी तरह के कार्यों से संबंधित नीतियों को बनाने का अधिकार दे दिया। चंदौलिया ने सभी लाइसेंस प्राप्त करने वाली पार्टियों से बातचीत की। कहा जाता है कि यह चंदौलिया ही थे, जिन्होंने ए. के. श्रीवास्तव, उप महानिदेशक उपयोग सेवा के कमरे में विभिन्न कंपनियों के प्रतिनिधियों को आशय का पत्र सौंपा था।

उपरोक्त वर्णित सभी नौकरशाह किसी-न-किसी प्रकार से इस मामले में संलिप्त रहे हैं, हालांकि कई अन्य की संलिप्तता से भी इंकार नहीं किया जा सकता।

संलिप्त कंपनियां/निगम

- यूनिटेक समूह एक रियल एस्टेट कंपनी, जिसने 2 जी बोली के लिए दूरसंचार क्षेत्र में प्रवेश किया और लाइसेंस खरीदने के बाद अपनी कंपनी की 60 प्रतिशत हिस्सेदारी को भारी लाभ में 'टेलेनॉर' को बेच दिया। (जिसमें टॉवर्स के लिए भूमि का मूल्य भी शामिल है।
- स्वान टेलीकॉम, जिसने लाइसेंस मिलने के बाद अपनी कंपनी की 45 प्रतिशत हिस्सेदारी को भारी लाभ लेते हुए इमिरात टेलीकॉम कम्युनिकेशन कॉर्पोरेशन (ईटीसालात) को बेच दिया।
- लूप मोबाइल।
- वीडियोकॉन टेलिकम्युनिकेशन लिमिटेड।
- एस टेल।
- रिलायंस कम्युनिकेशन।
- सिस्टेमा श्याम मोबाइल (एमटीएस)-सिस्टेमा मोबाइल रसिया।
- टाटा कम्युनिकेशन।
- वोडाफोन एस्सार।
- डिशनेट वायरलेस।
- एलियांज इन्फ्रा।
- इस सूची में कुछ और भी नाम शामिल हो सकते हैं और कुछ नामों को हटाया भी जा सकता है, जब अंतिम चार्जशीट दायर की जाएगी।

कॉर्पोरेट जगत की कुछ उन हस्तियों के नाम जो इसमें संलिप्त हैं या जिनके नाम चार्जशीट या जांच के दायरे में हैं, जिनसे पूछताछ की गई है या पूछताछ हो सकती है–

- **अनिल अंबानी**- 'रिलायंस समूह' (एडीएजी) ये चार्जशीट में नहीं हैं, लेकिन इनकी कंपनी के अधिकारी हैं।
- **शाहिद बलवा**- 'डीबी रियलिटी' और 'ईटीसालात डीबी टेलीकॉम' (पहले स्वान टेलीकॉम)
- **विनोद गोयनका**- 'डायनामिक्स ग्रुप'
- **वेणुगोपाल धूत**- 'वीडियोकॉन समूह', चार्जशीट में नाम नहीं।
- **प्रशांत रूइया**- 'एस्सार ग्रुप'

उपरोक्त सभी से या तो सीबीआई पूछताछ कर चुकी है या मुख्य संदेह के घेरे में हैं।

मामले में संलिप्त मीडिया और लॉबी से संबंधित नाम

- **नीरा राडिया**- पूर्व में एक एयरलाइन व्यवसायी थी, लेकिन उसके बाद कॉर्पोरेट लॉबी में सक्रिय हुईं, जिनका राजनेताओं और कॉर्पोरेट जगत की हस्तियों के साथ फोन पर वार्तालाप सरकारी एजेंसियों ने टेप किया। बाद में उक्त वार्तालाप से संबंधित सामग्री को अज्ञात स्रोतों द्वारा लीक किया गया, जो कि नीरा राडिया टेप विवाद के रूप में सामने आया।
- **बरखा दत्त**- एनडीटीवी से जुड़ी जर्नलिस्ट, जिन पर आरोप है कि ए. राजा को मंत्री बनाने के लिए लॉबी किया।
- **वीर सांघवी**- हिंदुस्तान टाइम्स के संपादक, जिन पर आरोप है कि नीरा राडिया टेप में दोषों को कम करने के लिए लेखों को संपादित किया।

इस प्रकरण में सरकार का घाटा

ए. राजा ने 2 जी स्पेक्ट्रम लाइसेंसों को उनकी बाजार कीमतों से काफी कम दरों पर बेचा।

स्वान टेलीकॉम, एक नई कंपनी, जिसके पास कम पूंजी थी, उसने लाइसेंस लिया 1,537 करोड़ (यूएस 341.21 मिलियन) में। इसके तुरंत बाद बोर्ड ने कंपनी की 45 प्रतिशत हिस्सेदारी को 4200 करोड़ (यू एस डॉलर 932.4 मिलियन) में इमिरात टेलीकॉम कम्युनिकेशन कॉर्पोरेशन (ईटीसालात) को बेच दिया। इसी प्रकार यूनिटेक कंपनी, जो पहले टेलीकॉम क्षेत्र में नहीं बल्कि रियल स्टेट में निवेशक थी, उसने एक लाइसेंस 1,661 करोड़ रुपये (यूएस डॉलर 368.74) में खरीदा और इसके तुरंत बाद बोर्ड ने कंपनी की 60 प्रतिशत हिस्सेदारी को वायरलेस डिवीजन को 6,200 करोड़ रुपये (यूएस डॉलर 1.38 बिलियन) में 'टेलीनॉर' को बेच दिया। लाइसेंसों को जिस प्रकार से बेचा

गया, वह यह दिखाता था कि इन्हें बाजार की कीमतों पर बेचा गया है, लेकिन सच्चाई यह थी कि लाइसेंसों को खरीदने के तुरंत बाद भारी मुनाफा लेकर बेच दिया गया, जो यह दर्शाता है कि बेचने वाली पार्टियों ने इसे बाजार भाव से काफी कम कीमत पर खरीदा था।

इस प्रकार कुल 9 कंपनियों ने लाइसेंसों को खरीदा और सामूहिक रूप से उन्होंने संचार, सूचना और प्रौद्योगिकी मंत्रालय के टेलीकम्युनिकेशन विभाग को 10,772 करोड़ रुपये (यूएस डॉलर 2.39 बिलियन) अदा किये। नियंत्रक और महालेखाकार परीक्षक ने इस लाइसेंसिंग की पूरी प्रक्रिया में जो उम्मीद की थी, वह राशि 176,700 करोड़ रुपये (यूएस डॉलर 39.23 बिलियन) थी।

मीडिया और दूरसंचार के बीच संबंध

मीडिया सूत्रों जैसे ओपेन और आउटलुक ने यह रहस्योद्घाटन किया कि बरखा दत्त और वीर सांघवी इस तथ्य को जानते थे कि कॉर्पोरेट लाबीस्ट नीरा राडिया ए. राजा के निर्णयों को प्रभावित कर रही है। आलोचकों ने आरोप लगाया कि दत्त और सांघवी को सरकार और मीडिया उद्योग के बीच चल रहे भ्रष्टाचार की पूरी जानकारी थी। इसके बावजूद उन लोगों ने इसका खुलासा करने के बजाय इसे अपना समर्थन दिया और खोज करने वाले तथ्यों को दबाये रखा। मेरे आकलन में किसी को जानने या किसी के बारे में बात करने मात्र से किसी को अपराधी नहीं बनाया जा सकता, जब तक आप किसी खुलेआम या गुप्त रूप से किए गए कार्य में दोषी नहीं पाये जाते हैं। यह कोई भी दावा नहीं कर सकता कि जर्नलिस्टों ने ऐसा कुछ किया है। एक अच्छे मीडियाकर्मी के लिए किसी एक या कई लोगों के संपर्क में आना और फिर अपने या अपनी संस्था के लिए उसका उपयोग करना उसके लिए जरूरी होता है।

टेप लीक मामले पर रतन टाटा की याचिका

रतन टाटा और नीरा राडिया के बीच हुई बातचीत जनता के बीच लीक हो गयी। टाटा ने अपने निजता के अधिकार की रक्षा के लिए एक याचिका दायर की और बातचीत के लीक होने पर जवाबदेही की मांग करते हुए गृह मंत्रालय, सीबीआई, भारतीय आयकर विभाग, दूरसंचार विभाग और सूचना एवं प्रौद्योगिकी विभाग को उत्तरदायी ठहराया। सर्वोच्च न्यायालय ने इस बात को अभी अपने पास रखा है और यह अभी जानना बाकी है कि आखिर निजता

की सीमा क्या होनी चाहिए, लेकिन मेरे विचार से किसी भी भ्रष्ट गतिविधि में संलिप्त रहने वाले किसी ग्रुप या पार्टी के लिए निजता का कोई अधिकार नहीं होना चाहिए।

घोटाले पर प्रतिक्रिया

नवंबर, 2010 के आरंभ में जयललिता ने तमिलनाडु के मुख्यमंत्री एम. करुणानिधि को ए. राजा पर लगे भ्रष्टाचार के आरोपों से बचाने का आरोप लगाया और राजा से त्यागपत्र देने की मांग की। नवंबर के मध्य में राजा ने त्यागपत्र दे दिया।

नवंबर के मध्य में ही नियंत्रक विनोद राय ने यूनिटेक, एस टेल, लूप मोबाइल, डाटा कॉम, वीडियोकॉन और ईटीसालात को कारण बताओ नोटिस जारी करते हुए यह जवाब मांगा कि सभी जिन 85 कंपनियों को लाइसेंस दिया गया, उनके पास आवेदन करते समय पर्याप्त पूंजी नहीं थी और बाद में पूंजी अवैध तरीके से जुटाई गई। कुछ मीडिया सूत्रों ने यह अंदेशा व्यक्त किया कि इन कंपनियों पर ज्यादा जुर्माना लगाया जा सकता है, लेकिन लाइसेंस छीना नहीं जा सकता क्योंकि ये उपभोक्ताओं को सेवा प्रदान कर रही हैं।

कई आरोपों पर सख्त कदम उठाते हुए भारत सरकार ने तत्काल टेलीकॉम मंत्री ए. राजा को हटा दिया और कपिल सिब्बल को अतिरिक्त प्रभार दे दिया, जो पहले से मानव संसाधन विकास मंत्रालय संभाल रहे थे। श्री सिब्बल का यह कहना है कि 'राष्ट्रीय क्षति की बात गलत गणना का परिणाम है और सच्चाई यह है कि वास्तविक हानि शून्य है।'

सुप्रीम कोर्ट ने इन विरोधी विचारों को पकड़ लिया क्योंकि यह मामला उसकी निगरानी में है। अगर सरकार या फिर शासन को कोई नुकसान नहीं हुआ तो दूसरे शब्दों में या फिर सिब्बल के शब्दों में क्या सीबीआई केस व्यर्थ है?

सीबीआई ने 8 दिसंबर, 2010 को राजा और उनके चार सहयोगियों पूर्व टेलीकॉम सचिव सिद्धार्थ बेहुरा, राजा के निजी सचिव आर. के. चंदौलिया, टेलीकॉम के सदस्य के. श्रीधर और दूरसंचार विभाग के उप महानिदेशक ए. के. श्रीवास्तव के घर पर छापा मारा। बाद में 2 फरवरी, 2011 को राजा, बेहुरा और चंदौलिया को हिरासत में ले लिया गया।

शेयर बाजार पर प्रभाव

राजा के गिरफ्तार होने के बाद शेयर बाजार में पहला झटका डीबी रियल्टी को लगा। डीबी रियल्टी ने कलैग्नार टीवी (करुणानिधि की पत्नी के स्वामित्व वाला चैनल) को 200 करोड़ रुपये से अधिक दिए थे। यह समाचार आया कि डीबी रियल्टी के शेयर भावों में 20 प्रतिशत की गिरावट आई। अगले दिन जैसे ही यह अफवाह सामने आई कि कलानिधि मारन की हिस्सेदारी कलैग्नार टीवी में है। सेन टीवी के शेयरों में 10 प्रतिशत की गिरावट दर्ज की गई। सन टीवी के सीईओ ने तत्काल इन आरोपों का खंडन किया। स्वान टेलीकॉम के प्रमुख बलवा की गिरफ्तारी 8 फरवरी, 2011 को हुई और इसके साथ ही रिलायंस एडीएजी के प्रमुख अनिल अंबानी के साथ उनके रिश्तों की खबर आते ही 20 प्रतिशत की गिरावट दर्ज की गई। जो रिपोर्ट सामने आई थी, उसके मुताबिक करीब 2 बिलियन यूएस डॉलर की गिरावट उनके स्टॉक में हुई। मारन द्वारा अधिग्रहण की जांच रिपोर्ट आते ही स्पाइसजेट नीचे चला गया।

राजा ने घोटाले का जाल कैसे बुना?

2जी स्पेक्ट्रम घोटाले को अंजाम देने में पूर्व दूरसंचार मंत्री ए, राजा ने सबका नेतृत्व किया, प्रधानमंत्री को भ्रम में रखा, दस्तावेजों में हेरफेर की और अधिकारियों पर धौंस जमाई।

उनको पीछे से सहारा दिया टेलीकॉम सचिव सिद्धार्थ बेहुरा और उनके निजी सचिव आर. के. चंदौलिया ने। व्यवसायी यूनिटेक के प्रबंध निदेशक संजय चंद्रा, स्वान टेलीकॉम के प्रमोटर शाहिद बलवा और विनोद गोयनका आदि इस षड्यंत्र का हिस्सा थे। कहानी यहीं खत्म नहीं होती, बल्कि अभी आने वाले दिनों में कुछ और भी नायकों के नामों का खुलासा होना बाकी है।

हम कह सकते हैं कि 2 जी घोटाले की सुनवाई कर रही विशेष अदालत के सामने सीबीआई की चार्जशीट का यही संक्षेप है। सीबीआई ने अदालत के सामने जो सात पेटियों में बंद सबूत पेश किए हैं वे यह बताते हैं कि किस प्रकार से डीएमके नेता ने अपने सहयोगियों के साथ मिलकर आपराधिक साजिश रची, और किस प्रकार से राजा ने जान बूझकर प्रधानमंत्री के सुझावों, ट्राई की सिफारिशों और कानून व न्याय मंत्रालय की अनदेखी की।

इस पूरी साजिश की शुरुआत सितंबर, 2007 में हुई, जब यूनिटेक और राजा के पसंदीदा लोगों ने आवेदन पत्र जमा किया। 24 सितंबर को चंदौलिया ने यूनाइटेड एक्सेस सर्विस सेल के अपने अधिकारियों से कहा कि 'मैसर्स यूनिटेक लिमिटेड के आवेदन पत्र जमा होने के बाद कोई और आवेदन पत्र स्वीकार नहीं किए जाएंगे।' जब अधिकारियों ने कहा कि इस प्रकार तारीखों को मनमाने ढंग से नहीं बढ़ाया जा सकता तो उन्हें कहा गया कि एक नोट लगा दें। नोट के मुताबिक 10 अक्टूबर कट ऑफ डेट थी, लेकिन राजा ने इसे 1 अक्टूबर कर दिया।

सीबीआई ने कहा है कि जांच के क्रम में यह पता चला कि भले ही 1 अक्टूबर, 2007 की कट ऑफ डेट के रूप में घोषणा की गई, लेकिन राजा और उसके सहयोगियों ने एक षड्यंत्र के तहत पहले से ही 25 सितम्बर, 2007 को कट ऑफ डेट के रूप में तय कर रखा था।

जब कानून और न्याय मंत्रालय ने यह कहा कि कट ऑफ डेट को सशक्त मंत्रियों के समूह को भेजा जाना चाहिए। राजा अपने कट ऑफ डेट के निर्णय पर अडिग रहे, जो अन्य आरोपियों के साथ साजिश के तहत तय किया गया था। इसमें यूनिटेक लिमिटेड के संजय चंद्रा, शाहिद बलवा और विनोद गोयनका भी शामिल थे। इस निर्णय से स्वान टेलीकॉम के बलवा और गोयनका को भी लाभ हुआ, जो दिल्ली में दिए जाने वाले प्रमुख दूरसंचार सर्किल में दुर्लभ स्पेक्ट्रम की खातिर अन्य आवेदकों पर प्राथमिकता पाने के लिए था।

राजा इसके लिए किसी भी हद तक जाने को तैयार थे और यहां तक कि कट ऑफ डेट को सही ठहराने के लिए 2 नवंबर, 2007 को प्रधानमंत्री को पत्र भी लिखा। उन्होंने प्रधानमंत्री को आश्वासन दिया कि इसमें 'किसी भी नियम या प्रक्रिया की किसी भी प्रकार से कोई उपेक्षा नहीं हो रही है।'

आरोपपत्र बताता है कि फिर तो राजा और चंदौलिया ने मंत्री के कार्यालय–सह–आवास से प्रधानमंत्री को पत्र लिखा होगा और इस प्रकार से दूरसंचार विभाग को पूरी तरह से जान–बूझकर इन महत्त्वपूर्ण प्रगतियों से दूर रखा होगा। बाद में अधिकारियों को यह कहा गया कि इन दोनों पत्रों को राजा द्वारा प्रधानमंत्री को दिया गया पत्र समझें।

स्पेक्ट्रम और लाइसेंस जारी करने के लिए राजा 'प्रवेश शुल्क के लिए भुगतान की तारीख' प्राथमिकता की तारीख के रूप में चाहते थे। विभाग के अधिकारियों ने इस पर आपत्ति जाहिर की और 'आवेदन की तारीख' को मापदंड के रूप में रखने को कहा था। सभी वरिष्ठ अधिकारियों और टेलीकॉम सचिव ने भी इसका समर्थन किया था।

हालांकि सीबीआई का कहना है कि इस तथ्य के उजागर होने और दूरसंचार विभाग के अधिकारियों के सुझावों के सामने आने के बाद अपनी योजना में बाधा देखकर ए. राजा ने जान–बूझकर न केवल नोट में सामने आने वाले तथ्यों, बल्कि उन अधिकारियों की भी निंदा की, जो कि चीजों को सही परिप्रेक्ष्य में रखने की कोशिश कर रहे थे।

2 नवंबर, 2007 को प्रधानमंत्री ने एक पत्र के सहारे राजा को 'प्रवेश शुल्क में संशोधन' और 'नीलामी के लिए एक पारदर्शी पद्धति' अपनाने पर विचार करने को कहा। ट्राई ने भी यह सिफारिश की थी कि कीमतों को 'बाजार तंत्र की क्रियापद्धति' के आधार पर संशोधित किया जाना चाहिए। दूरसंचार विभाग की वित्त सदस्य मंजु माधवन ने भी उसी की सिफारिश की, लेकिन राजा ने किसी की नहीं सुनी।

2 जी स्पेक्ट्रम घोटाला और डीएमके परिवार

सीबीआई ने शनिवार को स्पेशल कोर्ट को बताया कि 2 जी स्पेक्ट्रम आवंटन घोटालों से जुड़े 200 करोड़ रुपये शाहिद उस्मान बलवा की भागीदार कंपनी ने कलैग्नार टीवी प्राइवेट लिमिटेड को दिए। मालिकों में तमिलनाडु के मुख्यमंत्री करुणानिधि की पत्नी दयालुम्मा भी हैं।

स्पेक्ट्रम आवंटन घोटालों पर विस्तार से प्रकाश डालते हुए एजेंसी ने बताया कि उक्त रुपया डीबी ग्रुप कंपनी की कुशेगांव फ्रूट्स एवं वेजिटेबल्स प्राइवेट लिमिटेड और सिनेयुग फिल्म्स प्राइवेट लिमिटेड के माध्यम से एक 'घुमावदार मार्ग' तय करते हुए मंजिल तक गया।

तमिलनाडु के मुख्यमंत्री एम. करुणानिधि की बेटी और डीएमके सांसद कनिमोझी, उनकी पत्नी दयालुम्मा और कलैग्नार टीवी के प्रबंध निदेशक शरद कुमार के चैनल में क्रमश: 20, 60 और 20 प्रतिशत की हिस्सेदारी है।

जांच से यह भी पता चला है, जैसा कि आरोपपत्र बताता है, इस साजिश को आगे बढ़ाते हुए डीबी रियल्टी लिमिटेड की भागीदार कंपनी डायनामिक्स रियल्टी और दूसरी डीबी ग्रुप कंपनियों ने दिसंबर, 2008 से लेकर अगस्त 2009 के बीच कलैग्नार टीवी को 200 करोड़ रुपये दिए, जिसने कुशेगांव फ्रूट्स एवं वेजिटेबल्स प्राइवेट लिमिटेड (डीबी समूह की कंपनी)और सिनेयुग फिल्म प्राइवेट लिमिटेड (डीबी समूह की इसमें 49 प्रतिशत हिस्सेदारी है) से होते हुए कई घुमावदार मार्ग तय किए।

हालांकि इसी कड़ी से जुड़े हुए अन्य संदिग्धों जैसे ग्रीन हाउस प्रमोटर्स प्राइवेट लिमिटेड आदि को भी शामिल किया जाना चाहिए और आरोपों को साबित करने के लिए सबूतों को इकट्ठा किया जाना चाहिए।

ग्रीन हाउस प्रमोटर्स प्राइवेट लिमिटेड के निदेशक और पूर्व दूरसंचार मंत्री ए. राजा के बेहद करीबी सदिक बाचा की मौत संदिग्ध परिस्थितियों में हो चुकी है।

एजेंसी कहती है कि इस लेन-देन से संबंधित जांच प्रगति पर है, जिसमें आरोपियों को हिरासत में लेकर पूछताछ शामिल है। इस मामले में एक अनुपूरक पुलिस रिपोर्ट भी जल्द ही दायर की जाएगी।

शाहिद बलवा का चचेरा भाई आसिफ बलवा तथा कुशेगांव फ्रूट्स एवं वेजिटेबल्स प्राइवेट लिमिटेड के निदेशक राजीव अग्रवाल को 29 मार्च, 2011 को हिरासत में ले लिया गया था।

पंजाब के एक अन्य समाचार पत्र ने इस घोटाले को कुछ ऐसे प्रकाशित किया

सीबीआई ने 2 जी घोटाले में सरकार को 30,984 करोड़ रुपये का चूना लगाने के आरोप में पूर्व दूरसंचार मंत्री ए. राजा और आठ अन्य जिनमें यूनिटेक, स्वान टेलीकॉम और रिलायंस भी शामिल हैं, के विरुद्ध भ्रष्टाचार, आपराधिक षड्यंत्र, धोखाधड़ी और जालसाजी के आरोप में पहला आरोपपत्र दाखिल किया।

राजा के अतिरिक्त इस चार्जशीट में जो अन्य चेहरे शामिल हैं, उनमें राजा के सहयोगी आर.के. चंदौलिया, पूर्व टेलीकॉम सचिव सिद्धार्थ बेहुरा, स्वान टेलीकॉम के प्रमोटर शाहिद बलवा, निदेशक विनोद गोयनका, यूनिटेक वायरलेस के निदेशक संजय चंद्रा और रिलायंस अनिल धीरूभाई अंबानी ग्रुप (एडीएजी) के तीन अधिकारी-गौतम दोषी, हरि नायर और सुरेंद्र प्रसाद हैं।

इस घोटाले के तहत 2001 की दरों पर 2008 में स्पेक्ट्रमों का आवंटन किया गया था। इसमें सरकार को हुए राजस्व की क्षति का सीबीआई का आकलन, भारत के नियंत्रक और महालेखाकार परीक्षण सीएजी द्वारा बताई गई राशि 1.76 लाख करोड़ रुपये से 20 प्रतिशत कम है।

करीब 80,000 पृष्ठों की चार्जशीट को ओ.पी. सैनी की विशेष अदालत के समक्ष दायर किया गया, जिसका गठन 2 जी स्पेक्ट्रम घोटाले के मामलों को शीघ्र निबटाने के लिए किया गया था।

आरोपपत्र को संज्ञान में लेते हुए न्यायाधीश सैनी ने 9 आरोपियों में से 5 को समन भेजते हुए 13 अप्रैल को अदालत में प्रस्तुत होने को कहा, क्योंकि राजा, बलवा, चंदौलिया और बेहुरा पहले से ही न्यायिक हिरासत में है।

प्रथम सूचना रिपोर्ट, आरोपपत्र, गवाहों के बयानों और रिकॉर्ड में पेश किए गए दस्तावेजों को देखने के बाद जज ने संतुष्ट होते हुए कहा कि आरोपियों के खिलाफ कार्रवाई बढ़ाने के लिए वजह पर्याप्त है।

आरोपियों पर भारतीय दंड संहिता की विभिन्न धाराओं जिनमें 120 बी(षड्यंत्र), 468, 471, 420 और 109 और भ्रष्टाचार निवारण अधिनियम भी शामिल है के तहत मामला दर्ज किया गया।

सीबीआई की ओर से पेश वरिष्ठ लोक अभियोजक ए. के. सिंह ने कहा कि आरोपपत्र के साथ 125 गवाहों और 654 दस्तावेजों को संबद्ध किया गया था। अन्य गवाहों में अटार्नी जनरल जी. ई. वाहनवत्ती, कॉर्पोरेट लाबीस्ट नीरा राडिया और अन्य 50 अधिकारी भी शामिल थे।

सीबीआई ने अदालत को सूचित किया कि वह कलैग्नार टीवी जिसमें तमिलनाडु के मुख्यमंत्री एम.के. करुणानिधि की बेटी कनिमोझी और उनकी पत्नी दयालुम्मा की हिस्सेदारी है, उनके घोटालों के साथ संबंधों की भी जांच कर रही है।

सीबीआई के मुताबिक, 2 जी स्पेक्ट्रम से कलैग्नार टीवी को हुई अदायगी बलवा की कंपनी के द्वारा की गई। अन्य जिन्हें माह के अंत तक दायर किए जाने वाले दूसरे आरोप पत्र में शामिल किए जाने की संभावना है, वे हैं आसिफ बलवा और राजीव अग्रवाल (जो कुशेगांव फ्रूट्स एवं वेजिटेबल्स प्राइवेट लिमिटेड के निदेशक हैं।) दोनों 29 मार्च को हिरासत में लिए गए थे।

सीबीआई के मुताबिक, यूनिटेक वायरलेस इस पूरे घोटाले में सबसे ज्यादा लाभ कमाने वाला घटक है। सीबीआई द्वारा की जा रही जांच की मॉनिटरिंग सर्वोच्च न्यायालय कर रहा है।

गोयनका, बलवा और स्वान आरोपी बनाए गए

सीबीआई ने विनोद गोयनका और शाहिद बलवा को उनकी कंपनी स्वान टेलीकॉम आपराधिक साजिश, जालसाजी, धोखाधड़ी और रिश्वतखोरी का आरोप लगाया। इसके अतिरिक्त जांच एजेंसी ने अदालत को बताया कि वह उस मामले की भी जांच कर रही है जो करुणानिधि परिवार के द्वारा नियंत्रित है।

सीबीआई आरोपपत्र कहता है कि पूर्व दूरसंचार मंत्री ए. राजा, बलवा और गोयनका के साथ तब से परिचित थे, जब वे पर्यावरण मंत्री थे। इसके अतिरिक्त

डीबी रियल्टी, जहां मुंबई में दोनों प्रोमोटर हैं, दोनों ने आर. के. चंदौलिया, जो राजा के निजी सचिव हैं, से एक मकान किराए पर ले रखा है।

दूरसंचार सूचना तथा प्रौद्योगिकी मंत्रालय में राजा ने दूसरों के साथ मिलकर जिसमें स्वान भी शामिल था, लाइसेंस और स्पेक्ट्रमों के आवंटन के लिए उनके क्रमों में जोड़-तोड़ करके एक साजिश रची। वास्तव में प्राथमिकता सूची को इस प्रकार से तैयार किया गया ताकि स्वान को मुंबई और दिल्ली में प्राथमिकता मिल सके, जिसके पास एक ही टेलीकॉम ऑपरेटर के लिए पर्याप्त स्पेक्ट्रम थे। सीबीआई ने यह भी कहा कि ऐसा प्रतीत होता है कि स्वान को स्पेक्ट्रम और लाइसेंसों के आवंटन में होने वाले परिवर्तनों के बारे में अग्रिम जानकारी थी, क्योंकि उसने नवंबर, 2007 में ही ड्राफ्ट तैयार कर लिया था यानी लाइसेंसों को जारी किए जाने से दो महीने पहले। राजा ने स्वान को लाभ पहुंचाने के लिए क्षेत्रों के बीच लगने वाली रोमिंग व्यवस्था में भी दूरसंचार नियामक की सलाहों के विपरीत जाकर परिवर्तन किया।

आरोपियों पर अदालती कार्रवाई

2 जी घोटालों के लिए, पहले विशाल आरोपपत्र को लेकर सीबीआई अधिकारियों ने अदालत में प्रवेश किया। अधिकारियों ने आरोपपत्रों को सुरक्षित रूप से सात एल्युमीनियम के ट्रंकों में रखा था, जिसे विशेष सीबीआई जज ओ. पी. सैनी की अदालत मे एक के ऊपर एक रखा गया। आरोपपत्रों को जब अदालत में लाया गया, तब ए. राजा बिल्कुल सकते की स्थिति में थे। वे सीबीआई के उस वकील को चुपचाप देखे जा रहे थे, जो उन पर धोखाधड़ी, जालसाजी, भ्रष्टाचार आदि के आरोप लगाए जा रहा था। स्वान टेलीकॉम का प्रमोटर और निदेशक शाहिद बलवा जिसे भारत का सबसे युवा अरबपति कहा जाता था, वह भी बिल्कुल सदमे की स्थिति में था।

जब सीबीआई जज ने उसकी उपस्थिति जानने के लिए उसका नाम पुकारा तो उसने अपना हाथ उठाया। उसके परिवार के सदस्य अदालत में पीछे की सीटों पर बैठे हुए चुपचाप अदालत की कार्रवाई देख रहे थे।

वहीं दूसरी ओर सीबीआई के अधिकारी विश्वास से भरे हुए एक चित्र की भांति लग रहे थे। एजेंसी के वरिष्ठ लोक अभियोजन ए.के. सिंह ने आरोपपत्र के एक पतले से बंडल को हाथ में लिए अदालत के मंच की ओर रुख किया। उन्होंने दावा किया कि एजेंसी ने भारत के सबसे बड़े घोटालों में से एक के लिए 654 प्रकार के दस्तावेजी सबूत और 125 गवाहों के बयानों को भी सहेजकर रखा है।

इस बीच सीबीआई अधिकारियों का एक दल पूरी लगन के साथ उन ट्रंकों की रखवाली कर रहा था, जिन्हें अदालत में रखा गया था।

पूर्व टेलीकॉम सचिव सिद्धार्थ बेहुरा और राजा के निजी सचिव आर.के. चंदौलिया के पारिवारिक सदस्य भी अदालत में मौजूद थे। वहां मौजूद परिवारों में से कुछ सदस्य रो पड़े, जब सीबीआई ने आरोपपत्र पेश किया।

वहीं सीबीआई के खास जज के चेहरे पर अदालत की कार्रवाई शुरू होने के साथ ही मुस्कान थी।

यह मुस्कान उनके चेहरे पर तब भी मौजूद थी, जब उन्होंने यह कहा कि आरोपपत्र का संज्ञान लिया जा चुका है। अदालत ने मामले की अगली सुनवाई के लिए 13 अप्रैल तय किया और घोटाले से जुड़े पांच अन्य आरोपियों को सम्मन जारी किया।

राजा ने प्रधानमंत्री की सलाह को ठुकरायाः सीबीआई

2जी स्पेक्ट्रम घोटाले में सीबीआई द्वारा दाखिल किए गए आरोपपत्र में सभी अभियुक्त धोखाधड़ी, षड्यंत्र, जालसाजी और भ्रष्टाचार के आरोपों का सामना कर रहे हैं। एजेंसी ने प्रधानमंत्री के इस कथन को समर्थन दिया कि उनके सुझावों और आपत्तियों का नजरअंदाज किया गया।

आरोपपत्र कहता है कि लाइसेंस जारी किए जाने से पहले स्पेक्ट्रम के मुद्दे की उपलब्धता पर प्रधानमंत्री के सुझावों का मूल्यांकन किया जाना चाहिए था। इसके साथ ही बिना अपेक्षित स्पेक्ट्रम के एक टेलीफोन ऑपरेटर किसी काम का नहीं है, आदि सभी सुझावों को राजा ने ठुकरा दिया, क्योंकि बिना ऐसा किए वह अपनी साजिश में कामयाब नहीं हो पाता, जिसे उसने आवेदक कंपनियों के साथ मिलकर तैयार किया था।

रिलायंस टेलीकॉम जो अनिल अंबानी के नेतृत्व वाले 'एडीएजी' समूह का एक हिस्सा है, उस पर आरोप है कि उसने स्वान को दौड़ से बाहर करने के लिए जान-बूझकर नियमों में हस्तक्षेप किया, क्योंकि 'एडीएजी' पहले से ही एक मोबाइल सेवा प्रदाता कंपनी थी। आरोपपत्र कहता है कि स्वान बोर्ड के द्वारा की गई कार्रवाईयों का सारांश यही था कि उसने चालाकी से यह बताने का प्रयास किया कि स्वान में रिलायंस की हिस्सेदारी मात्र 9.9 प्रतिशत है यानी बाहर होने के लिए तय प्रतिशत सीमा से मात्र 0.1 प्रतिशत कम। सीबीआई ने कहा कि राजा पहले से ही आरोपी शाहिद बलवा, विनोद गोयनका और संजय चंद्रा से परिचित था।

यहां तक कि टाटा टेलीसर्विसेज लिमिटेड और महाराष्ट्र की टाटा टेलीसर्विसेज लिमिटेड भी आरोपी थे, राजा ने जिनके आवेदन पत्रों को उनके क्रम में ऊपर पहुंचाने में मदद की थी, लेकिन इन दो कंपनियों के किसी भी अधिकारी का नाम आरोपपत्र में नहीं है।

अदालत ने आरोपपत्र में नामित आरोपियों को (13 अप्रैल को) आगे की कार्रवाई के लिए कोर्ट में उपस्थित होने को कहा है। सीबीआई ने आरोप लगाया है कि राजा और उसके सहयोगियों ने कॉर्पोरेट कंपनियों और उनके अधिकारियों के साथ मिलकर एक साजिश को अंजाम दिया, ताकि कट ऑफ डेट को 1 अक्टूबर, 2007 से घटाकर 25 सितंबर किया जा सके। यह सब कुछ इसलिए किया गया था, ताकि कुछ योग्य उम्मीदवारों को दौड़ से बाहर किया जा सके। इसका मकसद यही था कि स्वान और यूनिटेक को मदद पहुंचाई जा सके।

राजा पर यह आरोप भी है कि उन्होंने उस प्रेस रिलीज में धांधलेबाजी की, ताकि यह दिखाया जा सके कि उनकी पूरी कार्रवाई तत्कालीन सोलिसीटर जनरल जी. ई. वाहनवती की सहमति से हुई थी।

चंदौलिया की साजिश

2 जी स्पेक्ट्रम को लेकर हुए पूरे खेल के मुख्य साजिशकर्ताओं में से आर.के. चंदौलिया भी एक था, जो राजा के करीबी सहयोगियों में से था। वह अक्सर दूरसंचार मंत्रालय के वरिष्ठ अधिकारियों को स्पेक्ट्रम आवंटन के लिए धमकी देता रहता था, साथ ही पैसा बनाने के लिए अपने मकान को टेलीकॉम कंपनियों को किराए पर भी देता था।

चंदौलिया डीबी रियल्टी, स्वान टेलीकॉम के कार्यकारियों का करीबी हो गया था और उसने सफदरजंग विकास क्षेत्र में संपत्ति सी-6/39 (द्वितीय तल) को एसोसिएट्स होटल्स प्राइवेट लिमिटेड, जो डीबी रियल्टी से संबंधित कंपनी थी, को 3 मार्च, 2009 को मासिक 63,000 रुपये किराए पर दिया।

सीबीआई जांच ने यह खुलासा भी किया है कि चंदौलिया ने मंत्रालय के वरिष्ठ अधिकारियों पर इसलिए दबाव बनाया कि स्पेक्ट्रम आवंटन लाइसेंस टाटा टेलीसर्विसेज लिमिटेड की अपेक्षा स्वान टेलीकॉम को दिया जाए, जबकि दूरसंचार विभाग की नीतियों के अनुसार टाटा सर्विसेज इसका पहला हकदार था।

आर्थिक मामलों के सचिव आर. गोपालन ने सीबीआई अधिकारियों को इस संबंध में जो लिखा उसके मुताबिक- 'आरोपी आर.के. चंदौलिया ने अपने अधिकारी होने का दुरुपयोग करते हुए वायरलेस प्लानिंग एंड कोऑर्डिनेटर विंग के प्रमुख आर.पी. अग्रवाल पर स्वान को स्पेक्ट्रम आवंटन से संबेधित फाइल को बढ़ाने के लिए दबाव बनाते हुए धमकी दी।'

1 अप्रैल, 2011 को गोपालन के आदेश के मुताबिक– 'यह राजा के साथ मिलकर उसकी आपराधिक साजिशों को स्पष्ट साबित करता है, जिसमें टाटा टेलीसर्विसेज के बदले में स्वान टेलीकॉम को स्पेक्ट्रम आवंटन के लिए वरीयता दी जाए। इसके कारण टाटा टेलीसर्विसेज दिल्ली में स्पेक्ट्रम हासिल नहीं कर सका, क्योंकि यहां पर उपलब्ध स्पेक्ट्रम केवल एक लाइसेंस को प्रदान करने के लिए पर्याप्त था।'

इस मामले की जांच के दौरान सीबीआई ने यह पाया कि चंदौलिया मंत्रालय के वरिष्ठ अधिकारियों से अपने मुताबिक काम करने के लिए हमेशा मजबूत रणनीति का सहारा लेता था, जिसमें ताकत और धमकी के साथ-साथ राजा की हैसियत का भी इस्तेमाल शामिल था। गोपालन का आदेश यह बताता है कि चंदौलिया ने इसके लिए एक 'अभूतपूर्व' तरीके को ईजाद किया था जिसमें विभिन्न आवेदन टेलीकॉम कंपनियों का आशय पत्र जारी करने के लिए 10 जनवरी, 2008 को संचार भवन के समिति कक्ष में चार काउंटरों की स्थापना भी शामिल थी।

2 जी स्पेक्ट्रम मामले में राडिया एक अहम गवाह

कॉर्पोरेट लाबीस्ट नीरा राडिया के टेलीफोन टेप ने 2 जी स्पेक्ट्रम मामले का अहम खुलासा किया, लेकिन उसे सीबीआई ने इस मामले में आरोपी नहीं बनाया, बल्कि उसे एक प्रमुख गवाह के रूप में पेश किया।

विशेष जज ओ. पी. सैनी की अदालत में एजेंसी ने जो प्रथम आरोपपत्र दाखिल किया, उसमें वह 44वां गवाह है। कोर्ट में कोई भी, जो एक गवाह के रूप में हो, उसे आरोपी तब तक नहीं बनाया जा सकता, जब तक कोर्ट खुद यह अनुभव नहीं करे कि गवाह के विरुद्ध कोई साक्ष्य है और उस पर आरोप तय करे।

सीबीआई के एक अधिकारी ने टाइम्स ऑफ इंडिया से जांच के दौरान बताया– 'राडिया के फोन मामले से राजा के विरुद्ध गतिविधियों के बारे में सुराग मिला और उसने पूरी तरह से जांच को सही दिशा की ओर ले जाने में अपना योगदान दिया।'

यूनिटेक को टाटा कीमत पर लाभ मिला

सीबीआई का आरोपपत्र इस तथ्य पर भी प्रकाश डालता है कि यूनिटेक और स्वान को टाटा की कीमत पर दोहरी तकनीकों का लाभ दिया गया।

सीबीआई ने जीएसएम और दोहरी प्रौद्योगिकी वाले स्पेक्ट्रमों के आवंटन के लिए प्राथमिकता के आधार पर ट्राई की अनुशंसाओं का उल्लेख किया है, जिसका निष्कर्ष है कि टाटा अपने वर्तमान ऑपरेटरों के साथ लाइसेंस प्राप्त करना चाह रहा था और उसने उसे उसी कतार में नहीं डाला, जैसा कि नये खिलाड़ी यूनिटेक ने किया।

रतन टाटा ने 13 नवंबर, 2007 को तमिलनाडु के मुख्यमंत्री करुणानिधि को एक पत्र लिखा था, जिसमें स्पेक्ट्रम मामले की देख-रेख को लेकर राजा की प्रशंसा की थी। इस प्रकार टाटा द्वारा लिखा गया पत्र जहां उनका आभार व्यक्त कर रहा है और राजा को इसके लिए शुभकामनाएं दे रहा था, वहीं आरोपपत्र में टाटा को एक पीड़ित बताया जाता है। बात तब और भी उलझ जाती है, जब जांच के दौरान यह तथ्य सामने आता है कि टाटा ने करीब 1600 करोड़ रुपये का लोन यूनिटेक को दिया।

आरोप पत्र के मुताबिक – 'दोहरी तकनीकों के लिए टेलीकॉम आयोग और दूरसंचार विभाग के दिशा-निर्देशों के अनुसार टाटा टेली/टीटीएमएल अपने मौजूदा ऑपरेटरों के साथ वर्तमान लाइसेंसी के रूप में उपयोग किए जा रहे थे और नये आवेदकों को प्राथमिकता दी जा रही थी।

सीबीआई विस्तार से बताती है कि किस प्रकार से राजा ने टाटा की फाइल रोककर रखी और यूनिटेक व स्वान के आवेदनों पर कार्रवाई जारी रखी। यह तथ्य भी रखा गया है कि किस प्रकार से राजा ने टाटा की फाइल पर 27 फरवरी, 2008 को अपने हस्ताक्षर किए, लेकिन उसे 4 मार्च, 2008 को तब बताया गया, जब यूनिटेक ने सभी लाइसेंसों पर दस्तखत करके स्पेक्ट्रम के लिए आवेदन कर दिया।

इस निष्कर्ष तक पहुंचने के लिए सीबीआई ने ट्राई की 28 अगस्त, 2007 के अनुशंसाओं सेक्शन 6.21 और 6.23 का उल्लेख किया है।

राजा का पक्षपात सामने आया

नियंत्रक और महालेखाकार परीक्षक (सीएजी) ने ए. राजा को दूरसंचार मंत्रालय से हटाने के लिए पृष्ठभूमि तैयार की। उसने उन कॉर्पोरेट्स पर भी उंगली उठायी है, जिन्होंने इस विवादास्पद 2 जी स्पेक्ट्रम आवंटन में लाभ कमाया।

सीएजी रिपोर्ट खास तौर से इस बात पर ध्यान केंद्रित करती है कि किस प्रकार से एक शीर्ष उद्योगपति जिसकी पर्याप्त हिस्सेदारी स्वान टेलीकॉम में है- करीब 10 प्रतिशत से ज्यादा, इस तथ्य को 2 जी स्पेक्ट्रम के लिए आवेदन करते समय कैसे छुपाया गया।

दिशा-निर्देशों के अनुसार, कोई भी परिवार एक ही क्षेत्र के दो टेलीकॉम सर्विस प्रदाता कंपनियों में 10 प्रतिशत से ज्यादा की हिस्सेदारी नहीं रख सकता। ऐसी टेलीकॉम कंपनी जिसका नियंत्रण करने वाले उद्योगपति की ऊर्जा और मनोरंजन क्षेत्रों में भी रुचि हो, वह निश्चित रूप से एक अखिल भारतीय दर्जा प्राप्त है और इस प्रकार से स्वान को रद्द किया जाना चाहिए था, फिर भी वह मुकाबले में डटा रहा और इस दौरान इसने कई स्थापित प्रतिद्वंद्वियों को पीछे छोड़ा। वह उद्योगपति जो भारत के सबसे धनी घरानों में से एक है, ने स्वान के साथ किसी भी प्रकार का संबंध होने से इंकार किया है।

सीएजी ने अपने लक्ष्य को हासिल करने के लिए कंपनियों द्वारा 'धोखाधड़ी के साधनों' के प्रयोग के लिए कॉर्पोरेट कंपनियों पर कई पृष्ठों में अभियोग लगाया है। रिपोर्ट में न केवल उन कंपनियों के, बल्कि लेखा परीक्षक नियमों के उल्लंघन का भी दोषी पाया है। लेखा परीक्षक ने इसका खुलासा भी किया है कि किस प्रकार से कॉर्पोरेट्स द्वारा बनाई गई कंपनियों स्वान, यूनिटेक, लूप एंड डाटाकॉम, एग्यूईयांज इंफ्रा आदि को नियमों का उल्लंघन करके लाइसेंसों का आवंटन किया गया। सीएजी ने कहा है कि जारी किए गए 122 लाइसेंसों में से कम-से-कम 85 अवैध थे। लेखा परीक्षक ने राजा को इसके लिए दोषी ठहराया है कि किस प्रकार से उसने किसी खास समूह की कंपनियों का पक्ष

लेते हुए 10 जनवरी, 2008 को 2.47 बजे एक प्रेस रिलीज जारी की जिसमें कंपनियों को महज 45 मिनट दिए गए ताकि वे दूरसंचार विभाग पहुंचकर अपने आवेदनों का स्वीकृति पत्र प्राप्त करें। राजा के पसंदीदा लोगों को इस प्रेस रिलीज के बारे में पहले से ही पता था और वे अपने बैंक गारंटी प्रमाणपत्रों तथा दूसरे कागजातों के साथ तैयार बैठे थे। इससे अधिक और क्या चाहिए था। लेखा परीक्षक ने पाया कि 13 आवेदक ऐसे थे, जो प्रेस विज्ञप्ति जारी होने से पहले की तारीख के डिमांड ड्राफ्ट के साथ तैयार थे, जो इस बात को साबित करते हैं कि वे मंत्री की मंशा से अच्छी तरह पहले ही परिचित थे।

2 जी घोटालाः यूपीए सरकार के लिए एक सबक

हर रोज देश के प्रथम दर्जे के राजनेता भ्रष्टाचार के विषय पर विस्तार से चर्चा करते हैं। ऐसा कोई दिन नहीं है, जब वे अपने विरोधियों पर इसे लेकर आक्रमण न करते हों। निश्चित रूप से कांग्रेस अध्यक्षा और यूपीए प्रमुख सोनिया गांधी व प्रधानमंत्री मनमोहन सिंह के साथ यह केस लागू नहीं हो सकता, जो इस पूरे नाटक का संचालन कर रहे हैं और अचानक उन्हें विपक्ष के इन आरोपों को झेलना पड़ता है कि उनके सामने ऐसी सरकार है जिसमें भ्रष्टाचार के पूरे आसार हैं। यह अलिखित सच सबसे पहले सरकार ने ही स्पष्ट कर दिया था। जब उसने 2004 के आम चुनावों में एनडीए को अप्रत्याशित रूप से हराया था और 2009 में इसी करतब को दुहराया भी था, हालांकि तब वह सरकार में थी। निश्चित रूप से उसके शीर्ष नेताओं को यह कहा जाना कि वे एक भ्रष्ट सरकार को चला रहे हैं, नागवार गुजरा होगा, यद्यपि किसी ने भी आज तक उनको किसी व्यक्तिगत गलती के लिए समन नहीं किया। एक बिना औचित्य के मुद्दे पर शशि थरूर से जिस प्रकार से छुटकारा पाया गया, उसे सारे देश ने देखा। इसके बाद महाराष्ट्र के मुख्यमंत्री अशोक चव्हाण का आदर्श अपार्टमेंट मामला और सुरेश कलमाड़ी द्वारा राष्ट्रमंडल खेलों की तैयारियों के दौरान की गई व्यापक अनियमितताएं-जांच आरंभ होने से पहले कांग्रेस की समस्याएं बढ़ाने में सहयोग किया। अब ऐसा लगता है कि कांग्रेस के नेतृत्व और खासकर प्रधानमंत्री के अपने लिए 2 जी स्पेक्ट्रम घटनाक्रम पूरी तरह से उनकी ईमानदारी और प्रतिष्ठा पर एक दाग के रूप में लग गया है जिसे बनाने के लिए उन्होंने कड़ी मशक्कत की थी।

इंदिरा गांधी के 93वें जन्मदिवस के अवसर पर बोलते हुए सोनिया गांधी ने हमारे नैतिक मूल्यों में हो रहे ह्रास पर कहा था कि 'घूस और लालच बढ़ रहा है'। उन्होंने 'ईमानदारी और पारदर्शिता' की जरूरत पर बल दिया था। उनकी भावनाओं का हम सभी समर्थन करेंगे। हालांकि जनता के द्वारा प्रशंसित उनकी पार्टी और सरकार के संदर्भ में उनकी स्थिति निश्चित रूप से भ्रष्टाचार के आरोपों के कारण खतरे में है, जो अजीब-सा लगता है। सुधार सरकार के अंदर ही होता है जिसकी वह असली मालकिन है, प्रक्रियाओं को सुधारने और वातावरण को हानिरहित या गलतियों से मुक्त रखने के साथ ही व्यक्तिगत पसंद के आधार पर कुछ ऐसा करना, जो पूरे सिस्टम को विश्वास से भर दे, यह उनके वश में है। 2 जी स्पेक्ट्रम आवंटन मामले में कुछ तथ्य जो पूरी जनता के सामने हैं, वे कभी भी डॉ. सिंह या सोनिया गांधी को दोषी नहीं ठहरा सकते, लेकिन इस मामले से जुड़े सभी पहलू यह भी साबित नहीं करते कि इन्होंने अपनी गठबंधन सरकार और प्रशासन को स्वच्छ रखने का प्रयास किया।

गठबंधन राजनीति की बाध्यताओं ने प्रधानमंत्री और सत्तारूढ़ दल के प्रमुख की प्रशासनिक और राजनीतिक निपुणताओं पर प्रश्नचिह्न लगा दिया है, क्योंकि वैसे भी अब बहु-पार्टियों या गठबंधन सरकारों का समय आ चुका है। हां, यदि स्थानीय या राज्य सरकारें अपनी प्रणालियों को नहीं बदलती हैं, तो हो सकता है कि वह सही हो, लेकिन इस प्रकार की सोच को सही कहना आज के संदर्भ में मुश्किल ही प्रतीत होता है। अगर उनकी सरकार को ही अयोग्य होने का ठप्पा लगता है और यही वह सीख है, जो यूपीए-2 को लेनी चाहिए। अपने बाकी के बचे कार्यकाल के लिए प्रशासन में अपनी असफलता और आम जनता के पैसों के इस प्रकार से दुरुपयोग के लिए आप गठबंधन सरकार की मजबूरी नहीं बता सकते हैं, जैसा कि 2 जी स्पेक्ट्रम मामले में सीएजी रिपोर्ट ने राजस्व की हानि के संबंध में बताया था।

सबसे दुखद बात यह है कि सरकार के वरिष्ठ लोगों ने भी इस प्रकार की अनियमितताओं पर ध्यान नहीं दिया। वास्तव में दूरसंचार मंत्री ए. राजा गठबंधन सरकार की मजबूरियों का लाभ उठाकर उनके सुझावों और अधिकारों की उपेक्षा करते रहे। राजनीतिक रूप से देखा जाए तो इस मामले में बहुत देर से कदम उठाए गए। यहां तक कि श्रीमती सोनिया गांधी कहती हैं कि पूरे सिस्टम में घूस का बोलबाला है और देश के संसाधनों से गरीबों का हिस्सा नहीं मिल पा रहा है, जबकि उसी मंच से प्रधानमंत्री भी कहते हैं कि केंद्र के विकास के लिए किया जा रहा सब कुछ भ्रष्टाचार की भेंट चढ़ जाता है।

2 जी स्पेक्ट्रम विवाद पर मीडिया के विचार

- **सीएजी रिपोर्ट राजा के नोट पर आधारित।**

उक्त रिपोर्ट राजा के इस दावे की भी धज्जियां उड़ाती है कि दूरसंचार विभाग के पूर्व सिद्धांतों के तहत 'पहले आओ पहले पाओ' की नीति का अनुसरण किया गया। उन पर आरोप लगता है कि कुछ निजी कंपनियों को मदद पहुंचाने के लिए उन्होंने पूरी प्रणाली के साथ छेड़छाड़ की है।

सीएजी ऑडिट कई मायनों में अद्वितीय है। सीएजी के इतिहास में शायद पहली बार ऑडिटर ने किसी कैबिनेट मंत्री को आरोपी बनाने के लिए उसी के नोटों का एक एनेक्सचर फाइल के रूप में पेश किया। पहले से स्वीकृत 'पहले आओ पहले पाओ' की नीति के मुताबिक सभी आवेदनों को पहले दूरसंचार विभाग के केंद्रीय रजिस्ट्री विभाग में जमा होना था, जिस पर प्राप्ति की तारीख और उनकी क्रम संख्या अंकित की जानी थी, ताकि सूची में उनकी वरिष्ठता पता चल सके।

हालांकि राजा ने इसमें 'पहले आओ पहले पाओ' को लागू करते हुए इस प्रकार से बना दिया, जिसके तहत आशय का पत्र जिसमें बैंक गारंटी और प्रवेश शुल्क ड्राफ्ट भी शामिल था।

सीएजी ने इस पूरे मामले में होने वाली राष्ट्रीय क्षति की कोई खास राशि का उल्लेख नहीं किया है, लेकिन उसने इसके मूल्यांकन के लिए तीन विधियों को लागू किया है। उसके मुताबिक राजा ने अधिकतम 1.77 लाख करोड़ रुपये की हानि कराई है। ऑडिटर ने निजी कंपनियों द्वारा किए गए घाटे का जो उल्लेख किया है, वह और भी ज्यादा है।

- **स्पेक्ट्रम के लिए राजा की बादशाहत अंतिम दिनों तक जारी रही।**
- **मंत्रालय के निर्णयों की उपेक्षा करते हुए पूर्व मंत्री ने तीन टेलीकॉम कंपनियों को आवंटन देने की कोशिश की।**

2 जी स्पेक्ट्रम विवाद के बीच में और अपने इस्तीफे के ठीक पहले राजा के नेतृत्व में दिल्ली के दूरसंचार विभाग ने टाटा टेलीसर्विसेज, यूनिनॉर और वीडियोकॉन को आवंटन देने के लिए पूरी तरह से प्रयास किया, अपने उन निर्णयों की पूरी तरह से उपेक्षा करते हुए जिसमें यह तय था कि एक नई आवंटन प्रक्रिया को अंतिम रूप दिए बिना कोई भी 2 जी स्पेक्ट्रम आवंटन नहीं होंगे।

इन कंपनियों का स्पेक्ट्रम आवंटन ट्राई की उन अनुशंसाओं के विरुद्ध था, जिनमें यह तय किया गया था कि आवंटन किसी भी सर्किल में पहले मौजूदा आपरेटरों को दिए जाएंगे और वे कंपनियां जिनका ऑपरेशन उक्त सर्किल में चालू नहीं है, उन्हें पंक्ति के अंत में स्थान दिया जाएगा। दूरसंचार विभाग की कानूनी शाखा ने ट्राई की अनुशंसाओं को देर से अर्थात् महीने के अंत में अपना समर्थन दिया था।

ईडी द्वारा उन कागजात के मूल्यांकन के बाद यह पाया गया कि 10 नवंबर को दूरसंचार विभाग टाटा टेलीसर्विसेज, यूनिनॉर और वीडियोकॉन को एयरवेब्स देने के लिए प्रेरित कर रहा था। दूरसंचार विभाग के वायरलेस असिस्टेंट एडवायजर ने 10 नवंबर को अपने एक आंतरिक नोट में शीर्ष मंत्रालय के अधिकारियों को जो लिखा, उसके मुताबिक–"चूंकि रक्षा विभाग 8 मेगाहर्ट्ज स्पेक्ट्रम हाल ही में जारी कर चुका है... हम दिल्ली में शुरू में 4.4 मेगाहर्ट्ज टाटा टेलीसर्विसेज का आवंटन कर सकते हैं, क्योंकि वर्तमान में उपलब्ध 3.6 मेगाहर्ट्ज सहित मौजूदा पूरा स्पेक्ट्रम इस क्षेत्र में 11.6 मेगाहर्ट्ज है। हम 4.4 मेगाहर्ट्ज आवंटन डाटाकॉम (वीडियोकॉन) को करने पर विचार कर सकते हैं और बाकी के 2.8 मेगाहर्ट्ज यूनिनॉर को, यूनिनॉर की स्वीकृति को देखते हुए।"

यूनिनॉर और वीडियोकॉन उन नई कंपनियों में से हैं, जिन्हें राजा द्वारा 2008 में विवादास्पद रूप से मोबाइल परमिट प्रदान किया गया। टाटा टेलीसर्विसेज दिल्ली सहित अन्य शहरों में जीएसएम सेवा के लिए प्रतीक्षारत है। दूरसंचार विभाग अभी तक दिल्ली में जीएसएम सेवा प्रदान करने में असमर्थ था, जाहिर

है कि इन तीनों कंपनियों के लिए राष्ट्रीय राजधानी क्षेत्र सबसे आकर्षक क्षेत्र था। ट्राई की अनुशंसाओं के मुताबिक सशस्त्र बलों द्वारा हाल ही में एयरवेब्स के प्रयोग में लिए जाने के बाद सरकार के पास दिल्ली में केवल 11.6 मेगाहर्ट्ज एयरवेब्स ही बचे हैं, जो मौजूदा ऑपरेटरों मसलन रिलायंस कम्युनिकेशन, भारती, वोडाफोन एस्सार और आइडिया की पहली पसंद हैं।

- **क्या 2 जी घोटाला टेलीकॉम निवेश को प्रभावित करेगा?**

नये ऑपरेटरों को अपने व्यापक विस्तार के लिए पैसा चाहिए, लेकिन घोटालों से प्रभावित नीतियां उनके कोष को जुटाने के मूड को प्रभावित कर सकती हैं।

उद्योग जगत से जुड़े कुछ अधिकारियों का मानना है कि तत्कालीन दूरसंचार मंत्री ए. राजा के कार्यकाल में 2 जी स्पेक्ट्रम के आवंटन को लेकर हुए घोटाले और विवाद साथ ही संबंधित अन्य गतिविधियों से दूरसंचार क्षेत्र के नये निवेश पर इसका बुरा प्रभाव पड़ सकता है।

राजा द्वारा दिए गए इस्तीफे के अलावा स्पेक्ट्रम की कीमतों में बरती गई अनियमितता, विदेशी मुद्रा को लेकर नियमों के उल्लंघन की प्रवर्तन निदेशालय द्वारा जांच और नये लाइसेंसधारकों की संपत्तियों को लेकर आयकर अधिकारियों द्वारा दिए गए सुझाव आदि ऐसे विषय हैं, जो कि व्यापार के मूड को प्रभावित कर सकते हैं।

तीन टेलीकॉम ऑपरेटरों-रिलायंस क्रोम (जीएसएम सेवा में प्रवेश करने वाला), ईटीसालात डीबी (पूर्व में स्वान) और वीडियोकॉन (पहले डाटाकॉम) सभी अपने विस्तार के लिए विदेशी निवेश की आकांक्षा रखते हैं। सभी राजा के स्पेक्ट्रम नीति का लाभ उठाने वालों में से हैं।

अपना नाम न छापने की शर्त पर नए ऑपरेटर के एक वरिष्ठ अधिकारी ने बताया- 'कड़ी स्पर्धा के कारण पहले से ही टेलीकॉम क्षेत्र में एक नकारात्मक भाव घर कर गया है। सभी नये और पुराने ऑपरेटर यहां से बाहर जाना कठिन मान रहे हैं। निवेशक भी अब टेलीकॉम सेक्टर को ज्यादा फायदेमंद नहीं मान रहे हैं। यह भ्रष्टाचार का आरोप निश्चित रूप से इन निवेशकों को और भी दूर ले जाएगा।'

- **राजा ने अप्रचलित तरीकों का सहारा लिया और एक से दूसरा घोटाला करता गया।**

राजा ने सार्वजनिक क्षेत्र के टेल्को भारत संचार निगम लिमिटेड (बीएसएनएल)

के अधिकारियों से कहा कि वे जीएसएम से होने वाली 22,000 करोड़ की उस निविदा को इसलिए रद्द करें, क्योंकि वेंडर द्वारा जो सबसे कम कीमत बताई गई थी, वह बहुत ज्यादा थी।

अतिरिक्त सोलिसीटर जनरल गोपाल सुब्रह्मण्यम् की कानूनी सलाहों ने बीएसएनएल को बचाया और टेंडर चला गया। यद्यपि इस दौरान बीएसएनएल ने उक्त वेंडर से बातचीत की और कीमत करीब 12 प्रतिशत कम पर बात हो गई, राजा के लिए एक अनुग्रह हुआ।

उनका अगला विवादास्पद निर्णय था, सीडीएमए के खिलाड़ियों मुख्यतः रिलायंस कम्यूनिकेशन (आर कॉम) और टाटा टेलीसर्विसेज को मोबाइल फोन के लिए जीएसएम तकनीक मुहैया कराना। भारत में कारोबार करने के लिए उन्हें 1,650 करोड़ रुपये में स्पेक्ट्रम का आवंटन किया गया। जीएसएम के मौजूदा खिलाड़ियों ने इसका विरोध किया और कहा कि आर कॉम और टाटा के लिए यह पीछे के दरवाजे से प्रवेश दिया गया है, साथ ही उन्होंने दूरसंचार विवाद निबटान प्राधिकरण में अपील की। हालांकि प्राधिकरण द्वारा उनकी अपील को ठुकरा दिया गया, जो राजा की हंसी की एक और वजह थी।

सभी घोटालों का महाघोटाला जनवरी 2008 में तब सामने आया, जब राजा ने टेलीकॉम व्यापार में बिल्कुल नये आवेदकों को 'पहले आओ पहले पाओ' आधार पर 1,650 करोड़ रुपये में लाइसेंस और स्पेक्ट्रमों का आवंटन कर दिया।

- **यदि सीबीआई ने जांच में विलंब की, तो राजा के कट्टर प्रतिद्वंद्वी सुब्रह्मण्यम् को अभियोजन का सामना करना होगा।**

सीएजी द्वारा 2 जी स्पेक्ट्रम लाइसेंसों के आवंटन में पूर्व दूरसंचार मंत्री ए. राजा पर उनके कथित 'कृत्यों और गलतियों' के लिए लगाए गए आरोपों के बाद केवल पद से त्यागपत्र देना ही उनकी परेशानियों का अंत नहीं है, बल्कि वास्तव में यह उनकी आने वाली कठिनाइयों की शुरुआत है।

आम जनता पर भ्रष्टाचार के किसी भी मामले में अभियोजन के लिए भ्रष्टाचार प्रिवेन्शन अधिनियम 1988 के तहत दो तरीके हैं- पहला है सरकार उस व्यक्ति पर मामला दर्ज करे और उसकी जांच किसी एक एजेंसी को दे दे, जो कानून की अदालत में उस पर आरोपपत्र दायर करेगा और दूसरा है, जिसमें कोई भी आदमी एक ट्रायल कोर्ट में शिकायत दर्ज करा सकता है व अपने द्वारा इकट्ठा किए गए सबूतों के आधार पर अभियोजन आरंभ करने की मांग कर सकता है।

चूंकि जनता पार्टी के अध्यक्ष सुब्रह्मण्यम् स्वामी ने 29 नवंबर, 2008 को प्रधानमंत्री के पास राजा पर अभियोजन चलाने के लिए अनुमति के लिए शिकायत दर्ज कराई थी। उन्होंने सर्वोच्च न्यायालय से एक 'मौखिक आदेश' देने की मांग की, क्योंकि उनका कहना था कि राजा अब यूपीए सरकार से त्यागपत्र दे रहे हैं, इसलिए प्रधानमंत्री से मंजूरी की अब कोई जरूरत नहीं रही। स्वामी ने न्यायमूर्ति जी. एस. सांघवी और ए. के. गांगुली की बेंच से कहा- "अब किसी मंजूरी की जरूरत नहीं है, अब सिर्फ सर्वोच्च न्यायालय का एक मौखिक आदेश चाहिए ताकि मैं संबंधित कोर्ट में इस भद्र पुरुष (राजा) के विरुद्ध अभियोजन आरंभ करने के लिए शिकायत कर सकूं।

इस दौरान उन्होंने अभियोजन और मंजूरी से संबंधित सर्वोच्च न्यायालय के करीब आधा दर्जन चर्चित केसों का दृष्टांत भी दिया, मसलन महाराष्ट्र के पूर्व मुख्यमंत्री ए.आर. अंतुले, पंजाब के मुख्यमंत्री प्रकाश सिंह बादल, बिहार के पूर्व मुख्यमंत्री और रेलवे मंत्री लालू प्रसाद यादव, केरल के पूर्व मुख्यमंत्री के. करुणाकरण आदि।

इन मामलों में सर्वोच्च न्यायालय के निर्णयों के अनुसार, अभियोजन की कार्रवाई या तो किसी जांच एजेंसी द्वारा जांच के बाद या फिर किसी भी आम व्यक्ति द्वारा किसी भी सक्षम कोर्ट में शिकायत दर्ज करायी जा सकती है, बशर्ते उसके पास किसी सरकारी नौकर के खिलाफ आरोपों के लिए पर्याप्त सबूत हों।

इन नेताओं के मामले में सर्वोच्च न्यायालय ने आगे कहा कि मंजूरी और अभियोजन का प्रश्न केवल उन कार्यालयों के मामले में होगा, जहां कोई सरकारी नौकर भ्रष्टाचार करने या उसके होने में संलिप्त था।

- **राजा और अन्य के खिलाफ सीबीआई ने आरोपपत्र दायर किया।**

यद्यपि सीबीआई ने पहला आरोपपत्र 1 अप्रैल, 2011 को दायर किया, जिसका कुछ अंश यहां पर दिया जा रहा है।

पूर्व दूरसंचार मंत्री ए. राजा और आठ अन्य सहयोगियों जिनमें पूर्व दूरसंचार सचिव सिद्धार्थ बेहुरा और तीन टेलीकॉम कंपनियां भी शामिल हैं, पर 2 जी स्पेक्ट्रम घोटाले में सीबीआई ने अपना पहला आरोपपत्र दायर किया, जिसमें 30,984 करोड़ रुपये की सरकारी हानि का आरोप लगाया। दिल्ली की एक अदालत में दायर किए गए आरोपपत्र में जिन कंपनियों के नाम हैं, वे हैं रिलायंस टेलीकॉम, यूनिटेक वायरलेस और स्वान

टेलीकॉम। अप्रैल, 2011 के अंत तक एक अनुपूरक आरोपपत्र भी इस केस में दायर किया जाने वाला है, जिसकी निगरानी सर्वोच्च न्यायालय द्वारा की जा रही है।

करीब 80,000 पृष्ठों का उक्त आरोपपत्र एक विशेष अदालत में दायर किया गया, जिसे खास तौर पर इस मामले की सुनवाई के लिए गठित किया गया था।

राजा, उनके निजी सचिव आर.के. चंदौलिया, बेहुरा और स्वान टेलीकॉम के प्रमोटर शाहिद उस्मान बलवा पर धोखाधड़ी, जालसाजी, आपराधिक षड्यंत्र और भ्रष्टाचार के आरोप लगाए गए हैं।

आरोपपत्र में जो अन्य नाम हैं, उनमें विनोद गोयनका, मुंबई की डीबी रियल्टी के निदेशक जो कि इटीसालात के प्रमोटर भी थे, संजय चंद्रा, गुड़गांव स्थित रियल स्टेट कंपनी यूनिटेक और यूनिटेक वायरलेस (तमिलनाडु) प्राइवेट लिमिटेड के प्रबंध निदेशक तथा गौतम दोषी, हरि नायर और सुरेंद्र पिपारा, समूह प्रबंध निदेशक और मुंबई स्थित रिलायंस टेलीकॉम कंपनी के दो वरिष्ठ उपाध्यक्ष थे।

भारत सरकार के नियंत्रक और महालेखाकार परीक्षक ने 2 जी स्पेक्ट्रम लाइसेंसों के आवंटन के दौरान कुल 1.76 लाख करोड़ की हानि का अनुमान लगाया था।

सीबीआई ने कहा कि जांच में 2008-09 की अवधि के दौरान नये यूनिफाइड एक्सेस सर्विस लाइसेंस और साथ ही 2 जी स्पेक्ट्रम के आवंटन को जारी करने के दौरान के कृत्य भारतीय दंड संहिता और भ्रष्टाचार निरोधक कानूनों के तहत अपराध में आते हैं।

स्पेशल जज ने सीबीआई आरोपपत्र को संज्ञान में लेते हुए 13 अप्रैल को उन आरोपियों के विरुद्ध समन जारी किया, जो अभी तक गिरफ्तार नहीं हुए थे।

सीबीआई आरोपपत्र कहता है कि इस पूरे घोटाले में यूनिटेक वायरलेस सबसे ज्यादा लाभ पाने वाली कंपनी थी। यूनिटेक वायरलेस और स्वान टेलीकॉम दो ऐसी कंपनियां थीं, जो 2 जी स्पेक्ट्रम आवंटन के लिए सबसे अयोग्य थीं।

इसके साथ ही आरोपपत्र कहता है, स्वान टेलीकॉम रिलायंस टेलीकॉम से आगे थी, ताकि 2 जी स्पेक्ट्रम का आवंटन प्राप्त कर सके।

सीबीआई ने अदालत को बताया कि कलैग्नार टीवी प्राइवेट लिमिटेड,

सिनेयुग फिल्म्स, ग्रीन हाउस प्राइवेट लिमिटेड और कुशेगांव फ्रूट्स और वेजिटेबल्स प्राइवेट लिमिटेड कंपनियां भी संदेह के घेरे में हैं।

तमिलनाडु के मुख्यमंत्री एम. करुणानिधि की बेटी और डीएमके की सांसद कनिमोझी, उनकी पत्नी दयालुम्मा और कलैग्नार टीवी के प्रबंध निदेशक शरद कुमार की इस टीवी चैनल में क्रमश: 20, 60 और 20 प्रतिशत की हिस्सेदारी है।

सीबीआई ने आरोप लगाया है कि 2 जी स्पेक्ट्रम आवंटन घोटाले से निकला धन बलवा की कंपनी से कलैग्नार टीवी तक पहुंचने से पहले सिनेयुग फिल्म्स व कुशेगांव फ्रूट्स और वेजिटेबल्स प्राइवेट लिमिटेड का सफर पूरा किया।

आसिफ बलवा और राजीव अग्रवाल, जो कुशेगांव फ्रूट्स और वेजिटेबल्स प्राइवेट लिमिटेड के निदेशक हैं, को 29 मार्च को गिरफ्तार कर लिया गया था।

अग्रवाल को 200 करोड़ रुपये की राशि सिनेयुग फिल्म्स प्राइवेट लिमिटेड के अकाउंट से कलैग्नार टीवी को स्थानांतरण करने के आरोप में गिरफ्तार किया गया था।

राजा के करीबी सादिक बाच्चा, जिसकी संदेहास्पद परिस्थितियों में मौत हो गई थी। वह ग्रीनहाउस प्रमोटर्स का प्रबंध निदेशक था और सीबीआई ने उससे पूछताछ की थी।

सीबीआई ने आरंभ में अदालत को बताया था कि डीबी रियल्टी और चेन्नई स्थित ग्रीन हाउस प्रमोटर्स प्राइवेट लिमिटेड के बीच हुए कथित नकदी के स्थानांतरण का संबंध बाच्चा की मौत से जुड़ा हो सकता है।

इस विशालकाय आरोपपत्र में 654 दस्तावेज और 125 गवाहों के नामों का उल्लेख किया गया है। 21 अक्टूबर, 2009 को सीबीआई ने दूरसंचार विभाग के अज्ञात अधिकारियों और अज्ञात निजी व्यक्तियों/कंपनियों तथा अन्य के खिलाफ भारतीय दंड संहिता और भ्रष्टाचार निरोधक अधिनियम की विभिन्न धाराओं के तहत मामला दर्ज किया था।

सर्वोच्च न्यायालय ने सीबीआई को यह निर्देश दिया था कि वह इन लाभार्थी कंपनियों के खिलाफ अपना काम उनसे प्रभावित हुए बगैर करे– 'भले ही वे करोड़पति हों या फोर्ब्स की सूची में शामिल ही क्यों न हों।'

इसके लिए आरोपपत्र दायर करने की समय सीमा 31 मार्च तक दी गई, जिसे बाद में सीबीआई के अनुरोध पर बढ़ाकर 2 अप्रैल किया गया।

सर्वोच्च न्यायालय ने मामले की जांच पर संतोष व्यक्त करते हुए कहा था

कि यह सही दिशा में आगे बढ़ रही थी।

सीबीआई ने सर्वोच्च न्यायालय को आश्वासन दिया कि अनुपूरक आरोपपत्र 25 अप्रैल तक दायर कर दिया जाएगा और मामले की जांच का काम 31 मई तक पूरा कर लिया जाएगा।

- **सीबीआई ने राजा के विरुद्ध पहला आरोप पत्र दायर किया।**

सीबीआई ने 2 जी स्पेक्ट्रम आवंटन घोटाले में पूर्व दूरसंचार मंत्री ए. राजा और आठ अन्य जिसमें पूर्व दूरसंचार सचिव सिद्धार्थ बेहुरा और तीन टेलीकॉम कंपनियां भी शामिल थीं, के विरुद्ध पहला आरोपपत्र दायर किया जिसमें सरकारी खजाने को 30,984 करोड़ का नुकसान पहुंचाने का आरोप था।

सीबीआई ने इस केस में राजा की गिरफ्तारी के साठवें दिन आरोपपत्र दायर किया। यदि एजेंसी तकनीकी रूप से शनिवार तक आरोपपत्र दायर करने में असफल रहती तो राजा को जमानत मिल गयी होती।

करीब 80,000 पृष्ठों का आरोपपत्र पटियाला हाउस कोर्ट के स्पेशल सीबीआई जज ओ.पी. सैनी के यहां दायर किया गया। इसमें आरोप है कि राजा की खामियों की वजह से 30,000 करोड़ के राजस्व की हानि हुई।

सीबीआई ने दायर किए गए आरोपपत्र में पूर्व दूरसंचार सचिव बेहुरा, राजा के पूर्व निजी सचिव आर.के. चंदौलिया और स्वान टेलीकॉम प्रमोटर शाहिद बलवा पर भ्रष्टाचार निरोधक अधिनियम और भारतीय दंड संहिता के तहत धोखाधड़ी और आपराधिक षड्यंत्र की कई धाराओं के तहत आरोप लगाए हैं। राजा पर भी जालसाजी के आरोप लगाए गए हैं। बलवा के भागीदार विनोद गोयनका, यूनिटेक के संजय चंद्रा और अनिल धीरूभाई अंबानी समूह के दोषी गौतम का भी आरोपपत्र में नाम दिया गया है। यूनिटेक का नाम इसलिए दिया गया है, क्योंकि स्पेक्ट्रम लाइसेंस के लिए इसे अयोग्य पाया गया था। रिलायंस और स्वान पर भी आरोप लगे हैं कि उन्होंने 2 जी लाइसेंस के लिए आपराधिक षड्यंत्र किया और सरकारी नौकरों को घूस दिया।

आरोपपत्र में जो अन्य नाम हैं, उनमें विनोद गोयनका, मुंबई स्थित डीबी रियल्टी समूह के निदेशक जो कि ईटीसालात डीबी समूह के प्रोमोटर भी थे, संजय चंद्रा जो गुड़गांव स्थित रियल स्टेट कंपनी यूनिटेक और यूनिटेक वायरलेस (तमिलनाडु) के प्रबंध निदेशक थे। इसके साथ ही रिलायंस टेलीकॉम कंपनी के समूह प्रबंध निदेशक और दो वरिष्ठ उपाध्यक्ष भी आरोप पत्र में नामित किए गए हैं। सीबीआई ने कहा है कि 2008-09 की अवधि के दौरान नई यूनिफाइड

एक्सेस सर्विसेज लाइसेंस और 2 जी स्पेक्ट्रम आवंटन के दौरान किए गए अपराध भारतीय दंड संहिता और भ्रष्टाचार निवारण अधिनियम के तहत आते हैं।

स्पेशल जज ओ.पी. सैनी ने सीबीआई के आरोपपत्र को संज्ञान लेते हुए उन आरोपियों के विरुद्ध 13 अप्रैल को समन जारी किया, जो अभी तक इस मामले में हिरासत से बाहर थे।

साथ ही सीबीआई ने आरोप लगाया है कि स्वान टेलीकॉम रिलायंस टेलीकॉम को 2 जी स्पेक्ट्रम आवंटन कराने के लिए खेल खेल रही थी।

सीबीआई आरोपपत्र के कुछ और तथ्य और न्यूजपेपरों की सुर्खियां

ईटीसालात ने डीबी रियल्टी के प्रमुख शाहिद बलवा को स्वान टेलीकॉम पर अपने एकल प्रबंधन व नियंत्रण हिस्सेदारी के लिए 106.95 करोड़ रुपये अदा किए। उल्लेखनीय है कि स्वान टेलीकॉम ही वह कंपनी है, जिसने पूर्व दूरसंचार मंत्री राजा के साथ मिलकर स्पेक्ट्रम घोटाले की साजिश रची।

सीबीआई और प्रवर्तन निदेशालय की ओर से पेश किए गए के.के. वेणुगोपाल ने सर्वोच्च न्यायालय को बताया कि इस 'गोल्डन शेयर' के लिए भारी भरकम प्रीमियम अदा किया गया था, जबकि स्वान के शेयरों का अंकित मूल्य 3 रुपये था और इसका बाजार भाव 270 रुपये था।

प्रवर्तन निदेशालय ने ईटीसालात की ओर से स्वान के अधिग्रहण के दौरान विदेशी मुद्रा प्रबंधन अधिनियम (फेमा) और मनी लॉड्रिंग अधिनियम (पीएमएलए) का भी उल्लंघन पाया है। इसके साथ ही एक बार जब सीबीआई आरोपियों पर आरोपपत्र दायर कर लेगी तो वह भरपाई और कुर्की-जब्ती की कार्यवाही भी आरंभ करेगी।

एजेंसी को आशंका है कि स्पेक्ट्रम आवंटन के दौरान दूसरी कंपनियों ने भी इसी प्रकार की अनियमितताओं को अपनाया होगा, जो जांच की जद में हैं। प्रवर्तन निदेशालय ने जैसी स्थिति अपनी रिपोर्ट में बताई है, उससे अंदेशा है कि एक बार भारत में अपना हित साधने के बाद कंपनियों ने विदेशों में कार्य करने वाली कंपनियों में भी अपने शेयरों को लगाया होगा।

> "**सीबीआई और प्रवर्तन निदेशालय का एक संयुक्त जांच दल विदेशों का भ्रमण करेगा और इन कंपनियों के संचालन व**

लेन-देन का पता लगाएगा, उनका पहला लक्ष्य मॉरीशस होगा।''

वीडियोकॉन समूह जिसकी 353 कंपनियां हैं और अधिकांश साइप्रस, ईसल ऑफ मैन, दुबई, लीबिया और मॉरीशस जैसे देशों में हैं, वह भी जांच के दायरे में है। अदालत को बताया गया कि प्रवर्तन निदेशालय वीडियोकॉन से संबंधित इन कंपनियों के बारे में विस्तार से जानकारी इकट्ठा कर रहा है जैसे विदेशों में संचालित हो रही इन कंपनियों के निदेशकों की सूची आदि। मलेशिया, दुबई और यूएस देशों को एक लिखित प्रार्थना पत्र पहले ही भेजा जा चुका है।

अवैध संपत्तियों को भी संलग्न करने का ईडी का फैसला

2 जी स्पेक्ट्रम मामले की सुनवाई कर रही स्पेशल अदालत के अंदर का दृश्य जितना रोमांचक है, उतना ही बाहर का भी है। अब प्रवर्तन निदेशालय ने आरोपियों द्वारा अर्जित अवैध संपत्तियों को भी सीबीआई आरोपपत्र के साथ संलग्न करने का निर्णय लिया है।

सीबीआई के लिए यह एक खुशी की बात है, क्योंकि सर्वोच्च न्यायालय ने केंद्र से कहा है कि वह वरिष्ठ अधिवक्ता यू.यू. ललित को 2 जी घोटाले के ट्रायल के लिए स्पेशल जन अभियोजक के रूप में नामित करे। सीबीआई की ओर से पेश वरिष्ठ अधिवक्ता के.के. वेणुगोपाल द्वारा उनके नाम को प्रस्तावित करने के बाद बेंच ने सर्वोच्च न्यायालय में उनके 'ऊंचे कद' को मंजूरी दी और केंद्र से कहा कि वह इस संबंध में एक औपचारिक अधिसूचना जारी करे।

2 जी घोटाले की जांच के लिए सीबीआई और ईडी आपस में मिलकर काम कर रहे हैं, हालांकि ईडी ने यह संकेत दिया है कि आरोपपत्र के अदालत में दायर हो जाने के बाद वह अपनी कार्रवाई करेगी, क्योंकि ईडी खास तौर पर अधिनियम 2002 के तहत मनी लॉन्ड्रिंग से संबंधित अपराधों की जांच कर रही है। उसका मुख्य काम इस अधिनियम का उल्लंघन करके अर्जित की गई अवैध संपत्ति का पता लगाना और उसे जब्त करना है।

प्रवर्तन निदेशालय के पास इस प्रकार की शक्तियां मौजूद हैं, जिनमें सेक्शन 3 और मनी लॉन्ड्रिंग अधिनियम (पीएमएलए) की धारा 4 भी शामिल है जिसके अधीन वह इस प्रकार के काले धन को वैध बनाने वाले

अपराधियों को सजा भी दिला सकती है। अपराध के मुताबिक अधिनियम में यह व्यवस्था भी है कि वह कुर्की की कार्यवाही भी कर सकती है।

गवाहों की सुरक्षा के लिए गृह मंत्रालय से एजेंसी की गुहार

आधिकारिक सूत्रों के अनुसार, सीबीआई ने केंद्र सरकार को पत्र लिखा है, जिसमें यह सुझाव दिया गया है कि जांच से जुड़े गवाहों, संदिग्धों और अधिकारियों की जान को खतरा होने का संकेत है, इसलिए उन्हें पर्याप्त सुरक्षा व्यवस्था मुहैया कराई जानी चाहिए। सीबीआई ने इस केस में कुल 44 गवाह बनाए हैं। इन गवाहों में से अधिकांश ऐसे सरकारी अधिकारी हैं, जिन्होंने दूरसंचार मंत्रालय में ए. राजा के अधीन काम किया है। एजेंसी ने दंड प्रक्रिया संहिता की धारा 164 के तहत उनके बयान दर्ज किए हैं, जो अदालत में उन्हें स्वीकार्य बनाता है। गवाहों और अन्य के लिए सुरक्षा की मांग के पीछे और भी कई कारण हो सकते हैं।

आरोपियों के मुताबिक 'यहां कुछ गलत नहीं'

2 जी स्पेक्ट्रम घोटाले में सीबीआई द्वारा दायर किया गया पहला आरोपपत्र भी डीबी रियल्टी समूह के प्रबंध निदेशक शाहिद उस्मान बलवा को हतोत्साहित नहीं कर सका। बलवा, जो इस पूरे घोटाले का एक मुख्य आरोपी था, वह इतना आश्वस्त लग रहा था मानो उसे कोई छू भी नहीं सकता।

सीबीआई के उस आरोपपत्र पर इंकार करते हुए उसने तेज आवाज में एजेंसी के डीआईजी एस.के. पल्सानिया से कहा- ''क्या है यह? इसमें कुछ भी नहीं है।'' जबकि जांच एजेंसी के वरिष्ठ अधिकारी उस समय अदालत में मौजूद थे।

सीबीआई की कड़ी मेहनत से तैयार सात ट्रंकों में बंद आरोपपत्र पर ताना मारते हुए उसने कहा- ''खुल जा सिम-सिम... लेकिन वहां कुछ भी नहीं है।''

बातूनी बलवा जांच अधिकारी के साथ बातचीत में मशगूल रहा। उसने उस अधिकारी की प्रशंसा करते हुए कहा- ''क्या सर, हालांकि अंत में मामले का परिणाम कुछ नहीं निकलेगा।''

अगर बलवा इस दौरान शांत दिख रहा था तो पूर्व दूरसंचार मंत्री ए. राजा भी अनावश्यक रूप से सुनवाई को लेकर परेशान नहीं था। राजा,

जो पूरे घोटाले का सूत्रधार था, सीबीआई के डीआईजी के साथ बातचीत कर रहा था।

राजा और बलवा का आधे घंटे तक साथ-साथ बैठना और आरोपपत्र का पढ़ना, दोनों के बीच घनिष्ठता को साबित करता था। सुनवाई के बाद जब अदालत ने आरोपियों को अपने सलाहकारों के साथ बैठने की अनुमति दी, तो दोनों अपने ऊपर लगे आरोपों पर चर्चा करने लगे।

ऐसा लग रहा था कि बलवा इस बात को जानने के लिए उत्सुक था कि यूनिटेक के संजय चंद्रा के विरुद्ध क्या था, जिसे साजिश में सहभागी बताया गया था। चर्चा के दौरान बलवा ने चंद्रा के ऊपर लगाए गए आरोपों के बारे में पूछताछ की।

राजा और बलवा सुनवाई के दौरान शांत और सामान्य रहे, जबकि आर.के. चंदौलिया और सिद्धार्थ बेहुरा का रंग उड़ा हुआ नजर आ रहा था। सभी आरोपियों को अपने परिवार के सदस्यों और वकीलों के साथ मिलने का समय दिया गया। बेहुरा ने आरोपपत्र पढ़ने की जिम्मेदारी अपनी बेटी पर छोड़ दी। बाद में विदा होने के समय बेहुरा ने अपनी बेटी का चुंबन लिया।

पीएम को सीबीआई की क्लीन चिट, लेकिन चिंता अभी गई नहीं

सीबीआई ने प्रधानमंत्री को अपने 63 पृष्ठों के आरोपपत्र में क्लीन चिट तो दे दी है, लेकिन अनिच्छा से ही सही, उसने जिस भाषा का प्रयोग किया है, वह प्रधानमंत्री को पीएसी, जेपीसी जांच और संसद में परेशान कर सकती है।

2 नवंबर को प्रधानमंत्री और राजा के बीच हुए तीन पत्राचारों की चर्चा करते हुए सीबीआई कहती है- ''साजिश को आगे बढ़ाते हुए आरोपी ए. राजा ने उसी दिन यानी 2 नवंबर, 2007 को प्रधानमंत्री को एक पत्र लिखा जिसमें तथ्यों के साथ छेड़छाड़ करते हुए कट ऑफ डेट को 25 सितंबर, 2007 करने के निर्णयों को इस आधार पर सही ठहराया कि कट ऑफ डेट की घोषणा समाचार पत्रों में कर दी गई थी। उसने प्रधानमंत्री को भी गुमराह किया और गलत तरीके से कानून और न्याय मंत्रालय व शीर्ष मंत्रियों के निर्णयों को परिभाषित किया।''

सीबीआई कहती है कि राजा कट ऑफ डेट के समाचार पत्रों में प्रकाशित होने से पहले ही यूनिटेक के संजय चंद्रा, स्वान टेलीकॉम के शाहिद बलवा और

विनोद गोयनका के साथ एक आपराधिक षड्यंत्र रच चुका था। एजेंसी ने निष्कर्ष निकाला कि राजा ने जान-बूझकर तथ्यों को तोड़ा-मरोड़ा और प्रधानमंत्री को गुमराह किया।

प्रधानमंत्री द्वारा राजा को उसी दिन लिखे गए पत्र पर सीबीआई ने कहा है-''क्योंकि आने वाले कई वर्षों के लिए स्पेक्ट्रम काफी सीमित हैं और लाइसेंस के लिए सभी आवेदकों को स्पेक्ट्रम मिलना संभव नहीं है।'' यह दिखाने के लिए प्रधानमंत्री ने राजा को आगाह किया, लेकिन राजा ने उनकी सलाहों को दरकिनार कर दिया। यह काफी दिलचस्प है कि सीबीआई ने यह निष्कर्ष निकाला- ''इन दिशा-निर्देशों का पालन करने से राजा की उन साजिशों को धक्का पहुंचता, जो उसने आवेदक कंपनियों के साथ मिलकर रची थीं।''

सीबीआई की यह टिप्पणी कुछ गंभीर निहितार्थ लिए है, क्योंकि सरकारी जनसंपर्क मशीनरी ने दावा किया है कि प्रधानमंत्री ने कुछ कंपनियों और स्टॉकहोल्डरों के सुझावों को केवल आगे बढ़ाया था, लेकिन सीबीआई स्पष्ट रूप से ऐसा नहीं सोचती। उसका कहना है कि प्रधानमंत्री के पत्रों में दिशा-निर्देश थे। इन अन्तर्निहित बातों में सीबीआई का विश्वास यह है कि अगर प्रधानमंत्री के दिशा-निर्देशों को लागू किया गया होता तो 2 जी स्पेक्ट्रम घोटाले को रोका जा सकता था।

सीबीआई ने यहां यह रेखांकित किया है कि राजा ने दूसरा पत्र उसी दिन आर.के. चंदौलिया के साथ मिलकर लिखा, जो न तो दूरसंचार मंत्रालय को संबोधित था और न ही किसी फाइल में इसकी चर्चा है, जो प्रधानमंत्री को आश्वस्त करता है-''.... इस प्रकार से स्थापित नियमों और प्रक्रियाओं से एक भी विचलन या छेडछाड़ की कोई गुंजाइश नहीं है।'' अगले दिन समाचार पत्र में यह कहानी बन गया।

2 जी घोटालाः स्पेक्ट्रम मूल्य निर्धारण पर प्रधानमंत्री के बचाव को आरोपपत्र की चुनौती

2 जी घोटाले में स्पेक्ट्रम सौदे के मुद्दे पर सीबीआई का आरोपपत्र प्रधानमंत्री के बचाव पर प्रश्नचिह्न लगाता है।

केन्द्रीय जांच एजेंसी ने सरकार के इस बचाव को चुनौती दी है, जिसमें यह आरोप है कि उसने 2 जी स्पेक्ट्रम को सस्ते दरों पर बेच दिया, जबकि एयरवेव्स की नीलामी और वित्त मंत्रालय द्वारा लाइसेंस शुल्क को दोबारा से

संशोधित करने की सिफारिशों को रेखांकित किया गया था।

फरवरी में मीडिया के साथ बातचीत करते हुए प्रधानमंत्री ने टेलीकॉम मंत्री कपिल सिब्बल के उस 'कोई हानि नहीं' वाले सूत्र को दोहराते हुए कहा कि "क्योंकि स्पेक्ट्रमों का आवंटन 'पहले आओ पहले पाओ' आधार पर हुआ था, इसलिए एयरवेव्स की नीलामी होने पर राजस्व में होने वाली हानि की गणना निरर्थक है।"

सिंह ने उन मतभेदों से भी इंकार किया, जिनमें यह कहा गया था कि 2001 की दरों पर वर्ष 2008 में स्पेक्ट्रम आवंटन हुआ था। उनका कहना था कि तत्कालीन वित्त मंत्री पी. चिदंबरम और ए. राजा के नेतृत्व में दूरसंचार मंत्रालय उस कीमत का निर्धारण वाले फार्मूले पर सहमत था, जो कि प्रधानमंत्री को 4 जुलाई, 2008 को बताया गया था।

2 जी टेलीकॉम घोटाले में सीबीआई द्वारा दायर किए गए पहले आरोप पत्र में न तो इस प्रकार के किसी फार्मूले की चर्चा है और न ही ऐसी किसी बैठक की जिसमें दोनों मंत्रालयों ने अंतिम रूप तैयार किया हो, एजेंसी कहती है कि वित्त मंत्रालय ने नवंबर, 2007 में दोहरी तकनीकों वाले स्पेक्ट्रम के शुल्क को संशोधित करने की अनुशंसा की थी– यानी लाइसेंस प्रदान किए जाने के करीब ढाई महीने पहले।

सीबीआई के विचार काफी आश्चर्यजनक हैं। यदि कोई राजस्व की हानि नहीं हुई और किसी गैरकानूनी रूप से धन का लाभ नहीं हुआ, तब तो पूर्व दूरसंचार मंत्री ए. राजा और कॉर्पोरेट घरानों के खिलाफ चल रहा केस बिल्कुल ही ध्वस्त हो जाएगा।

वित्त मंत्री द्वारा लिखा गया एक पत्र कहता है– ''यह स्पष्ट नहीं है कि 1,600 करोड़ रुपये की दर को किस प्रकार से निर्धारित किया गया। 2007 में प्रदान किए गए लाइसेंसों के लिए 2001 को आधार बनाया गया, वह भी बिना किसी सूचीकरण के, वर्तमान मूल्यांकन दर की तो बात ही छोड़िए...।''

पत्र आगे कहता है–''... किसी भी अंतिम निर्णय पर पहुंचने से पहले वित्त मंत्रालय से इस मुद्दे पर संपर्क किया जाना चाहिए था... कृपया उपरोक्त लाइसेंसों को लागू करने से संबंधित आगे की कार्रवाइयों को रोक दें।''

दूरसंचार विभाग ने खुद ही लाइसेंस के लिए आवेदकों की बाढ़ से निबटने के लिए कानून और न्याय मंत्रालय से राय मांगी, लेकिन यह कहते हुए उसे

दरकिनार कर दिया कि मामले को मंत्रियों का एक समूह देखेगा। इतना ही नहीं, टेलीकॉम रेग्यूलेटरी ऑथोरिटी ऑफ इंडिया (ट्राई) ने भी अपनी 2007 की अनुशंसाओं में कहा था कि 2001 की दरों का अनुसरण करना यथार्थ नहीं था।

सीबीआई द्वारा आकलन किया गया 30,984 करोड़ रुपये की हानि एक समायोजित सकल राजस्व में वृद्धि के आधार पर किया गया प्राथमिक आंकड़ा है, एजेंसी ने ट्राई को पूर्ण आकलन के लिए कहा है। अपनी गलतियों की कमी के कारण यह कहना ठीक है कि प्रधानमंत्री विरोधियों के निशाने पर हैं, जबकि सरकार राजा को कुछ ऑपरेटरों के लिए उनकी 'छेड़छाड़ वाली' नीतियों से अलग रख रही है जिसके कारण राजस्व की क्षति हुई।

एक और रिपोर्ट: यूनिटेक वायरलेस संकट में

केंद्रीय जांच ब्यूरो ने शनिवार को दोनों यूनिटेक वायरलेस और यूनिटेक के प्रबंध निदेशक संजय चंद्रा को 2 जी स्पेक्ट्रम घोटाले के मुख्य साजिशकर्ता के रूप में नामित किया और सरकार को कई करोड़ रुपये का चूना लगाने के लिए आपराधिक साजिश का आरोप लगाया।

सीबीआई ने यूनिटेक वायरलेस को जालसाजी और असली रूप में दिखाने के लिए फर्जी दस्तावेजों के प्रयोग के साथ ही सरकारी कर्मचारियों को रिश्वत देने का भी आरोप लगाया है। एजेंसी ने कहा कि चंद्रा, ए. राजा के साथ तब से ही परिचित था, जब वह वन और पर्यावरण मंत्री था और उस दौरान यूनिटेक के रियल स्टेट कारोबार के लिए हरित अनापत्ति प्रमाणपत्र हासिल किया था।

यह रिश्ता तब भी जारी रहा, जब राजा ने टेलीकॉम व सूचना और प्रौद्योगिकी मंत्रालय की कमान संभाली। आरोपपत्र का पृष्ठ 63 बताता है कि किस प्रकार से राजा ने साजिश रची जिसमें अन्य के साथ यूनिटेक भी शामिल था, जो यूनिफाइड एक्सेस सर्विस (यूएएस) के लिए अभी आवेदन करने वाला था और उसके लिए स्पेक्ट्रम लाइसेंस की तैयार प्राथमिकता सूची में छेड़छाड़ की गई। सीबीआई ने कहा कि जांच से यह तथ्य भी सामने आए कि यूनिटेक लिमिटेड के प्रबंध निदेशक संजय चंद्रा जो प्रभारी भी थे और कंपनी के व्यापार, विशेष रूप से दूरसंचार क्षेत्र के लिए जिम्मेदार थे, वे भी ए. राजा और चंदौलिया के साथ उस साजिश में शामिल थे, जिसमें दूरसंचार विभाग को धोखा देने के लिए फर्जी तरीके से लाइसेंसों का आवंटन किया गया।

अदालत में पेश किया गया दस्तावेज यह बताता है कि एक आरोपी चंदौलिया, जो राजा का निजी सचिव भी था, उसने दूरसंचार विभाग के संबंधित अधिकारियों को हिदायत दी थी कि 'यूनिटेक कंपनी का आवेदन जैसे ही आ जाता है, बाकी के लिए दरवाजे बंद कर दो।'

चंद्रा ने आठ समूह की कंपनियों का आवेदन पत्र तैयार किया-अस्का प्रोजेक्ट, नहान प्रोजेक्ट यूनाइटेड बिल्डर्स और स्टेट, यूनिटेक इन्स्ट्रक्टर, अजारे प्रोपर्टीज, अडोनिस प्रोजेक्ट, हडसल प्रोपर्टीज और वोल्गा प्रोपर्टीज। लाइसेंस मिल जाने के बाद उन सभी का दोबारा से नाम बदला गया और यूनिटेक वायरलेस (तमिलनाडु) प्राइवेट लिमिटेड में विलय कर दिया गया।

जांच एजेंसी ने सिब्बल के शून्य हानि सिद्धांत को बकवास बताया

सीबीआई ने एक नई पद्धति का प्रयोग करके यह आकलन किया कि 2 जी स्पेक्ट्रम घोटाले में कुल 30,984.55 करोड़ रुपये की हानि हुई, जो कि खास तौर पर दूरसंचार मंत्री कपिल सिब्बल के उस जीरो हानि के सिद्धांत को रद्द करता है, जिसका योजना आयोग के उपाध्यक्ष मोंटेक सिंह अहलूवालिया ने भी समर्थन किया था।

सीबीआई ने हानि के सूचकांक का आकलन करने के लिए सकल राजस्व को समायोजित किया है, जो न तो सीएजी द्वारा अपनायी गई प्रक्रिया पर आधारित है और न ही टेलीकॉम रेग्यूलेटर द्वारा जारी अनुशंसाओं के साथ सहमति रखता है जिसने शुरू में 2 जी स्पेक्ट्रम का मूल्य 3 जी के बराबर आंका था। प्रथम दृष्टि में ऐसा प्रतीत होता है कि कैग द्वारा दिखाए गए 1.76 लाख करोड़ रुपये की हानि को कुछ हद तक प्रबंधनीय स्तर तक लाने का यह एक प्रयास है।

सीबीआई ने वित्त मंत्रालय और दूरसंचार विभाग के बीच हुए पत्राचार का उल्लेख किया है, जो कहते हैं–"इस स्तर पर जबकि वित्त मंत्रालय द्वारा सुझाए गए स्पेक्ट्रम की कीमतों पर जिरो दूरसंचार विभाग ने सैद्धांतिक रूप से अपनी सहमति दे दी है। यह वह कीमत है जिसका सूचकांक 2001 में तय किए प्रवेश शुल्क से लिया गया है, जो 2002-03 से लेकर 2007 तक प्रति मेगाहर्ट्ज एजीआर में परिवर्तनों पर आधारित है। दूरसंचार विभाग ने 2002-03 से लेकर

2007 के बीच एजीआर में परिवर्तन करीब 3.5 गुणा आंका था। इस नई पद्धति का प्रयोग करके सीएजी ने घाटों का आकलन किया, जो 22,535.6 करोड़ रुपये नये यूएएसएल लाइसेंसों में और 8,448.95 करोड़ रुपये 35 दोहरी प्रोद्यौगिकी वाले लाइसेंसों के खाते में थे।

- **सीबीआई ने सिब्बल के शून्य हानि सिद्धांत को बकवास बताया तो आखिर किसका आकलन सही है?**
- 3 जी नीलामी के आधार पर--------------- 1.76 लाख
- एस. टेल ऑफर के आधार पर---------------- 67,364
- यूनिटेक के हिस्सेदारी वाले बिक्री के आधार पर ----- 69,626
- स्वान की हिस्सेदारी वाली बिक्री के आधार पर ------- 57,666
- सीबीआई का आकलन ------------------------ 30,985

(सभी आंकड़े करोड़ रुपये में)

राजा ने तथ्यों को छुपाया

- **सर्वोच्च न्यायालय ने राजा और अन्य पर दबाव बढ़ाया**

हालांकि सीबीआई 2 जी स्पेक्ट्रम मामले में एक केस 17 महीने पहले ही दर्ज कर चुकी थी, लेकिन वह इस पूरे मामले पर तब तक निष्क्रिय बनी रही, जब तक असाधारण न्यायिक सक्रियता दिखाते हुए सर्वोच्च न्यायालय ने केंद्र और जांच एजेंसियों का ध्यान मामले की ओर नहीं खींचा, जिसका असर यह हुआ कि राजा और अन्य हाईप्रोफाइल दोषियों पर आरोप निर्धारित किए गए।

शीर्ष न्यायालय द्वारा बनाया गया दबाव इस बात का गवाह था, जिसमें न्यायाधीश जी.एस. सिंघवी और ए.के. गांगुली की बेंच ने देश के सबसे बड़े घोटालों में से एक में सीबीआई, प्रवर्तन निदेशालय और सूचना प्रौद्योगिकी की जांच की निगरानी करते हुए माहौल को तब गरमा दिया था, जब उसने प्रधानमंत्री कार्यालय को उनकी 16 महीने की उस 'खामोशी' पर सवाल खड़े किए थे, जब पूर्व कानून मंत्री सुब्रह्मण्यम् स्वामी ने राजा पर मुकदमा चलाने के लिए अनुमति मांगी थी।

शीर्ष अदालत द्वारा बनाया गया दबाव वस्तुतः नवंबर, 2010 के बाद तक लागू रहा।

बेंच द्वारा 16 दिसंबर, 2010 के अपने आदेश में आरोपपत्र दायर करने के लिए 31 मार्च की एक समयसीमा निर्धारित करने के निर्णय का असर यह हुआ कि जांच एजेंसी ने दिन-रात कड़ी मेहनत की और अथक परिश्रम किया, हालांकि उक्त तारीख सीबीआई के अनुरोध पर दो दिन बढ़ाई गई। लगभग चार महीनों से साप्ताहिक आधार पर केस की सुनवाई होने के दौरान अदालत में कई हाई वोल्टेज क्षण आए, जिसमें 16 नवंबर भी शामिल है, जब प्रधानमंत्री की 'खामोशी' पर प्रश्नचिह्न खड़े हुए, जिसने अंततः एक नई बहस को जन्म दिया।

शीर्ष अदालत ने कहा–'16 महीने एक उचित अवधि नहीं है,' जिसमें किसी किस्म की राहत देने से इंकार करते हुए अदालत ने लगाम कसते हुए आगे सीबीआई से सवाल किया कि आखिर उसने राजा से 'पूछताछ' क्यों नहीं की, जबकि सीएजी की अपनी रिपोर्ट में उनके खिलाफ पर्याप्त सबूत मौजूद थे, जिसके मुताबिक स्पेक्ट्रम के लिए लाइसेंस आवंटन के दौरान प्रक्रियाओं के साथ छेड़छाड़ की गई थी। अदालत द्वारा इस प्रकार की कठोर टिप्पणी के बाद सरकार जबरदस्त दबाव में आ गई और प्रधानमंत्री को राजा से त्यागपत्र लेने के लिए मजबूर किया और यह कार्रवाई राजा सहित उनके निजी सचिव आर.के. चंदौलिया, पूर्व टेलीकॉम सचिव सिद्धार्थ बेहुरा और डीबी रियल्टी के मालिक शाहिद बलवा जिन पर आरोप है कि कई संदिग्ध मामलों में मुख्य खिलाड़ी रहे थे, की गिरफ्तारी के रूप में सामने आई।

सीएजी की रिपोर्ट और दस्तावेजों का मूल्यांकन करने के बाद सर्वोच्च न्यायालय ने कहा–'हमें लगता है कि इन सज्जनों की भागीदारी बार-बार के अवैध कार्यों से भरी पड़ी है।'

- **राजा ने प्रधानमंत्री को लिखे पत्रों में गलत तथ्यों को रखा: सीबीआई**

सीबीआई की जांच के दौरान इन तथ्यों का खुलासा हुआ कि पूर्व दूरसंचार मंत्री ए. राजा ने प्रधानमंत्री को लिखे गए पत्रों में कथित तौर पर 'तथ्यों को छुपाया' और कट ऑफ डेट और यूनिफाइड एक्सेस सर्विस (यूएएस) लाइसेंसों के आवंटन संबंधित अपनी बातों को गलत रूप से सच साबित करने का प्रयास किया। सीबीआई ने यह भी अनुमान लगाया है कि यदि ए. राजा द्वारा निश्चित अवधि और प्रक्रियाओं के अनुसार यूएएस लाइसेंसों का आवंटन किया गया होता तो सरकार को 30,984 करोड़ रुपये का अतिरिक्त लाभ हुआ होता।

एजेंसी की जांच के क्रम में यह खुलासा हुआ कि पूर्व दूरसंचार मंत्री ने प्रधानमंत्री को दो पत्र लिखे थे जिनमें से एक 2 नवंबर, 2007 को और दूसरा उसी साल 26 दिसंबर को। जांच के दौरान यह पता चला कि दोनों ही पत्रों में राजा ने 'जान-बूझकर' और 'इरादतन' पहले आओ पहले पाओ के तथ्यों के साथ छेड़छाड़ की थी।

सूत्र बताते हैं कि साजिश को आगे बढ़ाते हुए राजा ने 2 नवंबर, 2007 को प्रधानमंत्री को एक पत्र लिखा जिसमें तथ्यों के साथ छेड़छाड़ करते हुए और 25

सितंबर, 2007 को कट ऑफ डेट को न्यायोचित ठहराते हुए उसने लिखा कि यही वास्तविक कट ऑफ डेट है और इसकी सूचना समाचार पत्रों में पहले ही दी जा चुकी है। यद्यपि आवेदन पत्रों के जमा करने की वास्तविक अंतिम तारीख 1 अक्टूबर, 2007 ही थी, लेकिन जांच में यह तथ्य सामने आया है कि यह राजा का अचानक में लिया गया निर्णय था, जिसे 24 सितंबर को लिया गया था जब कट ऑफ डेट को कम किया गया था। उसने गलत बताते हुए प्रधानमंत्री को यहां भी गुमराह किया कि कानून मंत्रालय की वह सलाह जिसमें यह कहा गया था कि मामला सशक्त मंत्रियों के समूह को भेजा जाना चाहिए। वह संदर्भ से परे है। जांच में यह खुलासा भी सामने आया कि समाचार पत्रों में कट ऑफ डेट के प्रकाशित होने से पहले से ही राजा अन्य आरोपियों के साथ मिलकर एक आपराधिक साजिश पर काम कर रहे थे जिसमें स्वान टेलीकॉम के शाहिद बलवा भी शामिल थे। इसका उल्लेख एजेंसी ने अपने आरोपपत्र में भी किया है।

सूत्र बताते हैं कि राजा ने जान-बूझकर तथ्यों के साथ छेड़छाड़ की और प्रधानमंत्री को पहले से यह कहकर गुमराह किया कि विभाग स्थापित प्रक्रियाओं के साथ कोई छेड़छाड़ नहीं कर रहा है।

- **दूरसंचार विभाग ने नीतियों में परिवर्तन के बारे में यूनिटेक और स्वान को पहले ही सूचित कर दिया : सीबीआई**

राजा 26 अक्टूबर, 2007 को ही लाइसेंस जारी करने को तैयार था, टेलीकॉम कंपनियां बैंक ड्रॉफ्टों के साथ तैयार थीं।

पूर्व दूरसंचार मंत्री ए. राजा जिनका नाम सीबीआई द्वारा दायर किए गए 2 जी स्पेक्ट्रम आवंटन मामले के पहले आरोपपत्र में दर्ज है, वह पहले ही यानी 26 अक्टूबर, 2007 को ही लाइसेंसों का आवटंन करने को तैयार थे। अगर कानून मंत्रालय ने अपना हुक नहीं लगाया होता तो डीएमके नेता जो अभी तिहाड़ जेल में बंद हैं, वे अक्टूबर में ही यूएएस लाइसेंसों का आवंटन कर देते। सीबीआई के आरोपपत्र के मुताबिक इस निर्णय से दो ही कंपनियां-स्वान टेलीकॉम और यूनिटेक वायरलेस लाभान्वित होतीं, क्योंकि दूरसंचार विभाग के अधिकारी पहले ही इन 'पसंदीदा' कंपनियों को 10 जनवरी, 2008 को ही आशय का पत्र वाली वह सूचना लीक कर चुके थे, जो पहले से ही राशि के साथ और दूसरों से पहले शुल्क जमा कराने को भी तैयार थे।

राजा के प्रस्ताव पर विचार-विमर्श करने के बाद कानून मंत्रालय ने मामले को मंत्रियों के पैनल को भेजने का निर्णय लिया। नवंबर, 2007 के अपने जवाब में मंत्रालय ने तर्क दिया, "मामले के महत्त्व और उसमें दिए गए कथनों में मौजूद कई विकल्पों को देखते हुए यह जरूरी है कि पहले मामले को एक शीर्ष मंत्रियों के समूह के सामने रखा जाए और इसी प्रक्रिया में अटार्नी जनरल की न्यायिक सलाह भी ली जा सकती है।"

2 नवंबर को प्रधानमंत्री मनमोहन सिंह ने भी राजा को एक पत्र लिखा जिसमें यह कहा गया कि स्पेक्ट्रम की नीलामी के लिए एक पारदर्शी प्रक्रिया अपनायी जाए, साथ ही एयरवेव्स की मात्रा में कमी और नये लाइसेंसों के लिए आवेदनों की भीड़ को भी ध्यान में रखें। इस पर मंत्री ने कुछ जल्दी दिखाते हुए उसी दिन पत्र लिखकर अपनी बातों पर अड़ते हुए बताया, "स्पेक्ट्रम आवंटन नीलामी में नये आवेदकों को मौका देना एक अनुचित, पक्षपातपूर्ण, भेद-भाव वाला और मनमाना निर्णय होगा, क्योंकि ये उन्हें एक समान स्तर प्रदान नहीं कर पायेंगे।" उसने यह भी उल्लेख किया कि मौजूदा ऑपरेटरों की जरूरतों को पूरा करने के बाद भी नये ऑपरेटरों को स्पेक्ट्रम आवंटित किए जाने की पूरी गुंजाइश है।

यूनिटेक वायरलेस के प्रबंध निदेशक संजय चंद्रा जिनके खिलाफ इस मामले में आरोपपत्र दायर किया गया है, वे तब से राजा के संपर्क में है, जब वे वन और पर्यावरण मंत्री थे और वे उस बदनाम मंत्री के पास अपने रियल स्टेट व्यापार के सिलसिले में जाते थे।

जांच से पता चला है कि स्वान टेलीकॉम और यूनिटेक से जुड़े इन आरोपियों को 'पहले आओ पहले पाओ' की दोषयुक्त नीतियों के बारे में पहले से जानकारी थी और वे अक्टूबर-नवंबर, 2007 से पहले की तारीख के डिमांड ड्राफ्ट के साथ तैयार बैठे थे।

स्वान टेलीकॉम को दो क्षेत्रों के लिए पहली वित्तीय बैंक गारंटी (एफबीजी) और प्रदर्शन बैंक गारंटी (पीबीजी) नवंबर, 2007 की पहली छमाही में ही मिल चुकी थी।

आरोपपत्र के मुताबिक, प्रक्रियाओं के क्रियान्वयन के बारे में स्वान टेलीकॉम की जानकारी का पता इससे चलता है कि उसने पंजाब नेशनल बैंक में अक्टूबर, 2007 के आरंभ में ही लोन के लिए आवेदन किया और साथ में यह उल्लेख भी किया कि डिमांड ड्राफ्ट शीघ्रता के आधार पर चाहिए, क्योंकि आशय का पत्र जारी होने के साथ ही इसे जमा करना है।

यूनिटेक के बारे में एजेंसी ने कहा कि उसके पास 10 अक्टूबर, 2007 को ही डिमांड ड्राफ्ट तैयार हो चुके थे, जबकि 'पहले आओ पहले पाओ' नियम मीडिया के सहारे दिसंबर, 2007 में प्रकाश में आया था।

सीबीआई ने कहा कि यूनिटेक वायरलेस (तामिलनाडु) के पास भी 10 अक्टूबर, 2007 को ही डिमांड ड्राफ्ट तैयार हो चुके थे। यहां तक कि उस नियम के लागू होने के काफी पहले जिसमें 'पहले आओ पहले पाओ' नीति में छेड़छाड़ करके आवेदकों को आशय का पत्र जारी करने का निर्णय लिया गया था जिसके तहत उन्हें पहले प्राथमिकता देने की बात कही गई थी, जिनके पास आशय का पत्र होगा।

सीबीआई आरोप पत्र कहता है कि दूरसंचार विभाग द्वारा 'पहले आओ पहले पाओ' नीति का क्रियान्वयन सिर्फ इसलिए किया गया था, ताकि कुछ कंपनियों को गलत तरीके से लाभ पहुंचाया जा सके। इन दोनों कंपनियों की ओर इशारा करते हुए आरोप पत्र आगे कहता है, "मदद के तहत कुछ आवेदकों को आशय का पत्र जारी होने की तारीख के बारे में सूचना दे दी गई थी।"

आरोपपत्र में और भी जिन औपचारिक गवाहों को सूची में शामिल किया गया है, उनमें हैं दिल्ली मेट्रोपोलिटन मजिस्ट्रेट भावना कालिया और अरविंद बंसल, इनके अतिरिक्त आधा दर्जन सीबीआई अधिकारी जिनमें एसपी विवेक प्रियदर्शी भी शामिल हैं, जो जांच में सक्रिय भूमिका निभा रहे हैं।

सीबीआई ने 21 अक्टूबर, 2009 को दूरसंचार विभाग के अज्ञात अधिकारियों और अज्ञात निजी व्यक्तियों/कंपनियों तथा अन्य के खिलाफ भारतीय दंड संहिता और भ्रष्टाचार निरोधक शाखा की कई धाराओं के तहत प्राथमिकी दर्ज की थी।

● पीएम को लिखे पत्रों में राजा ने छेड़छाड़ की : सीबीआई

2 जी स्पेक्ट्रम मामले में दायर आरोपपत्र में सीबीआई ने कहा है कि स्पेक्ट्रम आवंटन की खातिर टेलीकॉम कंपनियों के प्रतिनिधियों की शारीरिक दक्षता आशय का पत्र और प्रवेश शुल्क जमा करने में एक निर्णायक कारक बन गयी। इस प्रकार 'पहले आओ पहले पाओ' एक मजाक बन गया।

जांच में यह तथ्य भी सामने आए–"आशय के पत्रों के वितरण और उनकी प्राप्ति तथा प्रवेश शुल्क जमा कराने के लिए जो गलत प्रक्रिया तैयार की गई थी, उसके लिए आवेदन कंपनी के प्रतिनिधियों के लिए संचार भवन के रिसेप्शन क्षेत्र में जबरदस्त भाग-दौड़ जरूरी हो गई थी।"... ओ. पी. सैनी की

विशेष अदालत में दूरसंचार मंत्री ए. राजा और अन्य के खिलाफ दायर आरोपपत्र बताता है।

"....इस साजिश का परिणाम यह हुआ कि मैसर्स स्वान टेलीकॉम (आरोपपत्र में शामिल) पहली कंपनी थी जिसने दिल्ली क्षेत्र के लिए आवेदन जमा किया और मैसर्स यूनिटेक वायरलेस (तमिलनाडु) प्राइवेट लिमिटेड ने सभी सर्किलों के उन आवेदकों पर प्राथमिकता पा ली जिन्होंने काफी पहले इसके लिए आवेदन किया था।

सीबीआई ने आरोपपत्र को कुल पांच भागों में बांटा है- कट ऑफ डेट को लेकर जांच, पहले आओ पहले पाओ के आधार की जांच, दोहरी प्रौद्योगिकी की सहमति और स्पेक्ट्रम आवंटन, कंपनियों की योग्यता और सरकारी खजाने को धोखा आदि सभी ने मिलकर 2007-08 में घटे घटनाक्रमों की एक तस्वीर पेश की है।

- **सीबीआई द्वारा रिलायंस टेलीकॉम और उसके तीन अधिकारियों पर धोखे के लिए उकसाने का आरोप**

सीबीआई ने रिलायंस टेलीकॉम और उसके तीन अधिकारियों पर अन्य आरोपों के साथ धोखे के लिए उकसाने का भी आरोप लगाया है।

रिलायंस एडीएजी के मामले में धोखाधड़ी के लिए उकसाने को भारतीय दंड संहिता की धारा 109 तथा 420 को सीबीआई ने अक्टूबर, 2009 में अज्ञात लोगों के विरुद्ध प्राथमिकी दर्ज करने के बाद पहली बार जोड़ा है।

यह आरोप ऐसे समय में सामने आया है, जब रिलायंस टेलीकॉम और उसके तीन वरिष्ठ अधिकारी-गौतम दोषी, सुरेंदर पिपारा और हरि नायर पर आरोप लगा है कि स्वान के शेयरों का उन्होंने इस प्रकार से प्रबंधन किया जैसे लगे कि अनिल धीरूभाई अंबानी इसके वास्तविक मालिक हैं। रिलायंस एडीएजी समूह की स्वान में हिस्सेदारी 9.9 प्रतिशत है जबकि बाकी की 90.1 प्रतिशत टाइगर ट्रेडर्स के नाम है।

पूर्व दूरसंचार मंत्री ए. राजा द्वारा किए गए 2 जी स्पेक्ट्रम लाइसेंस आवंटन में स्वान सबसे बड़ा लाभार्थी है।

"रिलायंस एडीएजी ने स्वान की तब तक मदद की, जब तक वह चलता रहा, लेकिन जैसे ही स्वान को लाइसेंस आवंटित हो गया वह उससे अलग हो गया और उसके बाद उसका हिस्सा कभी नहीं रहा। हमने रिलायंस के खिलाफ मात्र इतना ही सबूत पाया है। अभी तक हमें धोखाधड़ी का कोई सबूत नहीं मिला है।" एक अधिकारी ने बताया।

तत्कालीन सूचना और प्रौद्योगिकी मंत्री ए. राजा, जिन्होंने स्वान टेलीकॉम को आशय का पत्र देने की योजना अपने दिमाग में तैयार की थी, उन्होंने निजी टेलीकॉम कंपनियों के प्रतिनिधियों को 10 जनवरी, 2008 को उस निर्णायक समय के दौरान संचार भवन के चार काउंटरों पर दौड़ लगाने के लिए एक कठिन 'शारीरिक दक्षता जांच' का ताना-बाना तैयार कर रखा था। राजा और उसके सहयोगियों ने 10 जनवरी, 2008 को दोपहर में एक दूसरी प्रेस विज्ञप्ति जारी की जिसमें सभी आवेदक कंपनियों के प्रतिनिधियों से कहा गया कि वे संचार भवन से 3.30 बजे तक अपना आशय पत्र प्राप्त कर लें।

स्वान टेलीकॉम का दुबई से लिंक

सीबीआई ने स्वान टेलीकॉम में दुबई की जेनेक्स एक्जिम वेंचर्स की हिस्सेदारी का लिंक पाया है। यह वही कंपनी है जिस पर संदेह है कि उसे 2 जी स्पेक्ट्रम घोटाले में पूर्व दूरसंचार मंत्री ए. राजा द्वारा दलाली के लिए इस्तेमाल किया गया। जिसने 17 दिसंबर, 2008 को स्वान टेलीकॉम को 1.3 करोड़ शेयर दिए थे, उसी दिन जब यूएई की कंपनी ईटीसालात ने 11.3 करोड़ शेयर 45 प्रतिशत हिस्सेदारी के लिए पाए थे।

जांच में यह भी खुलासा हुआ है कि जेनेक्स द्वारा हिस्सेदारी के लिए भुगतान किए गए 380 करोड़ रुपये की व्यवस्था ईटीए स्टार इन्फ्रास्टक्चर की मदद से की गई जिसका मुंबई स्थित ओरियंटल बैंक ऑफ कॉमर्स की गोरेगांव शाखा में एक खाता था।

यह भी पता लगा है कि 17 दिसंबर, 2008 को ईटीए स्टार ने 380 करोड़ रुपये दुबई स्थित अल-वाहा निवेश से प्राप्त किया था। अल-वाहा ने उक्त रकम को दुबई स्थित मशरेक बैंक खाता के माध्यम से ईटीए स्टार के मुंबई बैंक खाता में जमा कराया था।

उक्त राशि को ईटीए स्टार इन्फ्रास्टक्चर के माध्यम से जेनेक्स एक्जिम वेंचर्स में हस्तांतरण करवाया गया था, जिसने स्वान टेलीकॉम की अपनी पूर्वोक्त हिस्सेदारी के लिए यह सब किया था। कुछ महीने पहले अन्नाद्रमुक नेता जयललिता ने आरोप लगाया था कि जेनेक्स और ईटीए स्टार के डीएमके के साथ संबंध हैं। स्वान टेलीकॉम उन तीन कंपनियों में शामिल है जिनके नाम 2 जी स्पेक्ट्रम घोटाले के सीबीआई आरोपपत्र में हैं जिसमें एजेंसी का अनुमान है कि सरकारी राजस्व को करीब 31,000 करोड़ रुपये का घाटा हुआ।

स्पेक्ट्रम कीमत मुद्दे पर आरोपपत्र और प्रधानमंत्री

केन्द्रीय जांच एजेंसी ने 2 जी स्पेक्ट्रम आवंटन को सस्ती दरों पर बेचने वाले फैसलों पर सरकार के बचाव को कड़ी चुनौती देते हुए दृढ़ता के साथ एयरवेव्स की नीलामी और वित्त मंत्रालय के लाइसेंस शुल्क को संशोधित करने की अनुशंसाओं का समर्थन किया है।

फरवरी में मीडिया के साथ बातचीत में प्रधानमंत्री ने कपिल सिब्बल के शून्य हानि वाले तर्क को बार-बार यह कहते हुए सही ठहराया था कि चूंकि स्पेक्ट्रमों का आवंटन 'पहले आओ पहले पाओ' के आधार पर किया गया था इसलिए एयरवेव्स की नीलामी पर किसी प्रकार की हानि का आकलन बेबुनियाद है।

सिंह ने 2001 की दरों पर 2008 में आवंटित स्पेक्ट्रम की कीमतों को लेकर किसी भी प्रकार के अंतर से इंकार करते हुए कहा था कि तत्कालीन वित्त मंत्री पी. चिदंबरम और ए. राजा के नेतृत्व में दूरसंचार मंत्री उस कीमत के फार्मूले पर सहमत थे, जो प्रधानमंत्री को 4 जुलाई, 2008 को बताया गया था।

2 जी स्पेक्ट्रम घोटाले में सीबीआई द्वारा दायर किए गए न केवल पहले आरोपपत्र में इस फार्मूले के बारे में चर्चा है बल्कि उस बैठक के बारे में भी उल्लेख है, जो दोनों मंत्रियों के बीच हुई थी। एजेंसी कहती है कि 'दोहरी प्रौद्योगिकी' के लिए वित्त मंत्रालय ने नवंबर, 2007 में ही अनुशंसाओं को संशोधित करने की सिफारिश की थी- यानी लाइसेंसों के आवंटन के करीब ढाई महीने पहले।

हालांकि सीबीआई के विचारों को आश्चर्यजनक मुश्किल से ही माना जा सकता है। यदि कोई राजस्व की हानि हुई ही नहीं और परिणामस्वरूप कोई अवैध लाभ नहीं हुआ तो पूर्व दूरसंचार मंत्री ए. राजा और अन्य कॉर्पोरेट घरानों पर अधिकांश मामले जमींदोज हो जाएंगे।

वित्त मंत्री द्वारा लिखा गया एक पत्र बताता है–"यह स्पष्ट नहीं है कि 1600 करोड़ रुपये की दर का निर्धारण कैसे किया गया... 2007 में दिए गए लाइसेंस के लिए इतने सालों पहले यानि 2001 की दरों को कैसे प्रयोग में लाया गया, वह भी बिना किसी सूचकांक के, वर्तमान दरों की तो बात ही छोड़िए।"

पत्र आगे जोड़ता है– "इस मामले में आपके द्वारा किसी अंतिम निर्णय पर पहुंचने से पहले वित्त मंत्रायल से संपर्क किया जाना चाहिए था... उपरोक्त लाइसेंसों के आवंटन से संबंधित सभी आगे की कार्रवाइयों पर कृपया रोक लगा दें।"

दूरसंचार विभाग ने खुद ही आवेदनों की भारी संख्या को देखते हुए कानून और न्याय मंत्रालय से मदद की गुहार लगाई थी, लेकिन उन सलाहों को यह कहते हुए अनदेखा कर दिया कि मामले को मंत्रियों के एक समूह को दिया जाएगा। टेलीकॉम रेग्युलेटरी ऑथोरिटी ऑफ इंडिया (ट्राई) ने अगस्त, 2007 में अपनी अनुशंसाओं में कहा था कि 2001 की दर वास्तविक नहीं थी।

30,984 करोड़ रुपये की हानि का आंकड़ा सीबीआई द्वारा तैयार किया गया प्रारंभिक आकलन है– जो समायोजित सकल राजस्व पर आधारित है... एजेंसी ने ट्राई से पूरा आकलन करने के लिए कहा है। अपनी गलतियों के कारण यह कहना ठीक है कि प्रधानमंत्री विरोधियों के निशाने पर हैं, जबकि सरकार राजा व कुछ ऑपरेटरों को उनकी 'छेड़छाड़ वाली' नीतियों को अलग रख रही है जिसके कारण राजस्व की क्षति हुई।

राजा ने पर्यावरण मंत्री के रूप में बनाए अपने लिंक

सीबीआई आरोपपत्र ने यह खुलासा किया है कि पूर्व दूरसंचार मंत्री ए. राजा की घनिष्ठता 2 जी स्पेक्ट्रम आवंटन घोटाले के दो अन्य आरोपियों–यूनिटेक के निदेशक सतीश चंद्रा और स्वान टेलीकॉम के प्रबंध निदेशक विनोद गोयनका के साथ उन दिनों से थी, जब वे वन और पर्यावरण मंत्रालय का पदभार संभालते थे।

राजा ने आर.के. चंदौलिया और सिद्धार्थ बेहुरा को अपने करीबी के रूप में चुना, ताकि 2 जी स्पेक्ट्रम आवंटन के दौरान अपने मनसूबों में कामयाब हो सके। अपने आरोपपत्र में सीबीआई कहती है– "ए. राजा अन्य आरोपियों विनोद गोयनका, सतीश चंद्रा और शाहिद बलवा (निदेशक स्वान टेलीकॉम) के साथ तब से संपर्क में था, जब वे रियल एस्टेट से जुड़े अपनी कंपनी क्रमशः डीबी

रियल्टी और यूनिटेक से जुड़ी कई परियोजनाओं की मंजूरी के लिए राजा के अधीन वन और पर्यावरण मंत्रालय जाया करते थे।"

जांच एजेंसी के मुताबिक, जब राजा ने मई, 2007 में दूरसंचार मंत्रालय का पदभार संभाला तो वह जान-बूझकर सिद्धार्थ बेहुरा और आर.के. चंदौलिया को दूरसंचार मंत्रालय में दूरसंचार सचिव और निजी सचिव के रूप में लाया, ताकि 2 जी स्पेक्ट्रम लाइसेंसों के आवंटन में भेद-भाव और पक्षपात किया जा सके।

"राजा चाहता था कि बेहुरा और चंदौलिया उसके लिए ठीक वैसे ही काम करें जैसे कि वन और पर्यावरण मंत्रालय में रहते हुए रियल एस्टेट परियोजनाओं को हरी झंडी देने का काम करते थे।" एक सीबीआई अधिकारी ने बताया।

एजेंसी ने बताया -"राजा के सहयोग और दूरसंचार मंत्रालय में चल रहे घटनाचक्रों की मदद से -यूनिटेक और डीबी रियल्टी (जो बाद में स्वान टेलीकॉम बन गया) ने दूरसंचार व्यवसाय में कदम रखने में सफलता पाई।"

एजेंसी ने दावा किया कि राजा, उसके सहयोगियों और रियल स्टेट कॉर्पोरेट व्यवसायियों के बीच गहरे गठजोड़ के कारण ही 2 जी स्पेक्ट्रम घोटाले को अंजाम दिया गया, जो संभवतः भारत के सरकारी खजाने को सबसे ज्यादा नुकसान पहुंचाने वाला साबित हुआ।

जांच से यह खुलासा हुआ कि इन रियल एस्टेट कंपनियों को टेलीकॉम लाइसेंस की खातिर एक 'वैध' आवेदन तैयार कराने में राजा की महत्त्वपूर्ण भूमिका थी।

"दूरसंचार विभाग की सभी नीतियां इस प्रकार से तैयार की गईं, ताकि पसंदीदा रियल एस्टेट कंपनियों को लाभ पहुंचाया जा सके।" जांच से जुड़े एक सीबीआई अधिकारी ने कहा।

एजेंसी के मुताबिक, "टेलीकॉम कंपनी के रूप में काम करने के लिए दिखाई गईं सभी योग्यताएं असत्य और मनगढ़ंत थीं जिन्हें चंदौलिया और बेहुरा ने तैयार किया था।"

यूनिटेक ने पाया सबसे ज्यादा लाभ

पूर्व दूरसंचार मंत्री ए. राजा और यूनिटेक निदेशक सतीश चंद्रा के बीच निकटता की वजह से उनकी कंपनी 2 जी स्पेक्ट्रम लाइसेंस घोटाले में सबसे बड़ी लाभार्थी रही।

सीबीआई द्वारा दायर किए गए आरोपपत्र में इसके संकेत हैं कि राजा ने टेलीकॉम लाइसेंस के आवेदन के लिए कट ऑफ डेट में परिवर्तन वाले अपने निर्णय को सशक्त मंत्रियों के समक्ष इसलिए उल्लेखित नहीं किया, क्योंकि वह यूनिटेक की मदद करना चाहता था।

2007 में स्पेक्ट्रम लाइसेंस के लिए यूनिटेक ने आठ कंपनियों के एक समूह के रूप में आवेदन किया था। यूनिटेक वायरलेस भी आठ कंपनियों में शामिल थी-अस्का प्रोजेक्ट लिमिटेड, नहान प्रोपर्टीज प्राइवेट लिमिटेड, यूनिटेक बिल्डर्स एंड एस्टेट प्राइवेट लिमिटेड, यूनिटेक इन्फ्रास्टक्चर प्राइवेट लिमिटेड, अजारे प्रोपर्टीज लिमिटेड, एडोनिस प्रोजेक्ट प्राइवेट लिमिटेड, हडसन प्रोपर्टीज लिमिटेड और वोल्गा प्रोपर्टीज लिमिटेड। इन सभी कंपनियों ने अपने कंपनी सचिव से चुकता पूंजी के लिए झूठा प्रमाण पत्र दिया था। इसके अतिरिक्त न्यूनतम पूंजी के लिए जो अनिवार्यता तय थी, उसे 10 करोड़ से घटाकर 5 लाख कर दी गई, जो कि राजा और उसके सहयोगी यूनिटेक के बीच सांठ-गांठ को दर्शाता है। सीबीआई ने आरोपपत्र में आरोप लगाया है कि यूनिटेक वायरलेस (आठ सहयोगी कंपनियों का प्रतिनिधित्व करने वाली कंपनी जिनका बाद में इसमें विलय हो गया) का डिमांड ड्राफ्ट 10 अक्टूबर, 2007 को ही तैयार था, यानी आशय का पत्र जारी करने के लिए आवेदकों को बुलाने से पहले ही। एक सीबीआई अधिकारी ने बताया कि पूर्व टेलीकॉम सचिव सिद्धार्थ बेहुरा और राजा के निजी सचिव आर.के. चंदौलिया ने यूनिटेक द्वारा प्रस्तुत किए गए दस्तावेजों में परिवर्तन करने का काम किया, ताकि 2 जी स्पेक्ट्रम लाइसेंस के लिए इसकी पात्रता सुनिश्चित की जा सके।

आरोपः धोखाधड़ी, दस्तावेजों के साथ जालसाजी, 2 जी स्पेक्ट्रम लाइसेंस के लिए आवेदन करने वाली कुछ कंपनियों के आवेदनों में हेर-फेर, लाइसेंसों के आवंटनों में आपराधिक षड्यंत्र और आवंटनों में भ्रष्टाचार को बढ़ावा देना।

चल रही जांच का संक्षेप

- स्वान और यूनिटेक को लाइसेंस आवंटन होने के कारण सरकार को होने वाला अनुमानित नुकसान 7,105 करोड़ रुपये का है।
- 2001 की दरों पर मूल्य निर्धारण गलत था या तो स्पेक्ट्रम की नीलामी होती या प्रवेश शुल्क को संशोधित किया जा सकता था। लगभग 31,000 करोड़ रुपये की हानि हुई।
- ट्राई ने 28 अगस्त, 2007 को अपनी अनुशंसाओं में कहा कि 800,900,1800 बैंड में सभी स्पेक्ट्रमों की नीलामी हुई।
- ए. राजा पहले से ही शाहिद बलवा, विनोद गोयनका (डीबी रियल्टी) और संजय चंद्रा (यूनिटेक) के साथ रियल एस्टेट कारोबार को लेकर तब से संपर्क में थे, जब वे पर्यावरण मंत्री थे।
- 24 सितंबर, 2007 को राजा के सहयोगी आर.के. चंदौलिया ने यह निर्देश दिया कि यूनिटेक द्वारा आवेदन जमा करा दिए जाने के बाद कोई भी आवेदन स्वीकार नहीं किया जाना चाहिए।
- यहां तक कि राजा ने आवेदनों के लिए जब कट ऑफ डेट 1 अक्टूबर, 2007 तय की थी, उससे पहले ही वह इसे परिवर्तित कर 25 सितंबर, 2007 करने का इरादा कर चुके थे।
- साथ ही दूरसंचार विभाग की उन अनुशंसाओं की भी राजा ने अनदेखी की जिनमें यह कहा गया था कि नए लाइसेंसों के लिए समय और उनकी जरूरत तय करने के लिए ट्राई की सिफारिशों का अनुसरण करना अनिवार्य था।
- राजा ने जान-बूझकर तथ्यों को तोड़-मरोड़कर पेश कर प्रधानमंत्री को गुमराह किया और प्रधानमंत्री कार्यालय के उन सुझावों की उपेक्षा की जिनमें यह कहा गया था कि स्पेक्ट्रम की उपलब्धता का मूल्यांकन किया जाना चाहिए था।

विभिन्न अधिकारियों के खिलाफ आरोप

- **सिद्धार्थ बेहुरा:** दूरसंचार विभाग में तत्कालीन सचिव।
  आरोप: धोखाधड़ी, आपराधिक षड्यंत्र और भ्रष्ट गतिविधियों में संलिप्त।
- **आर. के. चंदौलिया:** राजा के तत्कालीन निजी सचिव।
  आरोप: धोखाधड़ी, आपराधिक षड्यंत्र और लाइसेंस आवंटन में भ्रष्ट गतिविधियों को अंजाम।
- **संजय चंद्रा:** प्रबंध निदेशक, यूनिटेक लिमिटेड और यूनिटेक वायरलेस (तामिलनाडु) प्राइवेट लिमिटेड।
  आरोप: धोखाधड़ी और जालसाजी।
- **शाहिद उस्मान बलवा:** स्वान टेलीकॉम के प्रोमोटर।
  आरोप: धोखाधड़ी और जालसाजी।
- **विनोद गोयनका:** निदेशक स्वान टेलीकॉम।
  आरोप: धोखाधड़ी और जालसाजी।
- **गौतम दोषी:** रिलायंस अनिल धीरूभाई अंबानी समूह के समूह प्रबंध निदेशक।
  आरोप: धोखाधड़ी और जालसाजी।
- **हरि नायर:** रिलायंस एडीए ग्रुप के वरिष्ठ उपाध्यक्ष।
  आरोप: धोखाधड़ी और जालसाजी।
- **सुरेंदर पिपारा:** रिलायंस एडीए ग्रुप के वरिष्ठ उपाध्यक्ष।
  आरोप: धोखाधड़ी और जालसाजी।

कुछ हाई प्रोफाइल गवाह

- **नीरा राडिया** (कॉर्पोरेट लाबीस्ट)।
- **जी.ई. वाहनवती** (अटार्नी जनरल)।
- **आर. गोपालन** (आर्थिक मामलों के सचिव)।
- **टी.के. विश्वनाथन** (लोकसभा महासचिव)।
- **डी. सुब्बाराव** (गवर्नर, रिजर्व बैंक)।
- **नृपेंद्र मिश्रा और डी.एस. माथुर** (दूरसंचार वित्त आयोग के पूर्व सदस्य)।
- **के. श्रीधर** (दूरसंचार टेक्नोलॉजी विभाग के पूर्व सदस्य)।

अब आगे क्या होगा?

- 13 अप्रैल को विशेष सीबीआई अदालत में पेश होने के लिए जो आरोपी गिरफ्तार नहीं हुए हैं, वे या तो जमानत पा लेंगे या फिर जेल भेजे जाएंगे। आरोपपत्र/दस्तावेजों की प्रतियां आरोपियों को मुहैया करायी जाएंगी।
- विभिन्न आरोपों पर अदालत बहस की सुनवायी करेगा।
- ट्रायल शुरू होगी: अभियोजन पक्ष के गवाहों का बयान दर्ज होगा।
- अभियुक्तों का बयान लिया जाएगा।
- अभियुक्त गवाहों को पेश करेंगे।
- अदालत अपने फैसले को सुरक्षित करेगा, जिसे कुछ समय सीमा के अंदर सुनाया जाएगा।
- यदि दोषी पाए गए तो सजा पर फिर बहस होगी और तब सजा का भी का निर्णय होगा। सीबीआई ने दावा किया है कि स्वान टेलीकॉम, जो अब ईटीसालात डीबी टेलीकॉम प्राइवेट लिमिटेड के रूप में जाना जा रहा है, वह खास तौर पर रिलायंस एडीएजी के लिए मैदान में था। स्वान 2 जी लाइसेंस के लिए कभी भी योग्य नहीं था क्योंकि वह एडीएजी के साथ था। जिसके पास पहले से ही लाइसेंस था। स्वान के निदेशकों ने अपनी कंपनी को लाइसेंस के योग्य बनाने के लिए दस्तावेजों के साथ छेड़छाड़ की।
- टेलीनॉर इंडिया जो कि यूनिटेक लिमिटेड का एक सहयोगी था, वह अयोग्य था क्योंकि उसने लाइसेंस के लिए किए गए आवेदन में धोखा देने के लिए गलत सूचनाएं दी थीं, फिर भी राजा ने पूरे घोटाले में इसे सबसे बड़ा लाभार्थी बना दिया।
- रिलायंस एडीएजी समूह के तीन वरिष्ठ अधिकारियों ने दोहरी तकनीक वाले स्पेक्ट्रम के आवंटन के लिए प्राप्त होने वाले अनुमोदन पर जान-बूझकर अपने जाली आवेदनों को वापस नहीं लिया और आरोपी शाहिद बलवा और विनोद गोयनका के साथ एक साजिश कर स्वान टेलीकॉम का प्रबंधन और नियंत्रण उन्हें सौंप दिया।

राजा ने प्रधानमंत्री को गुमराह किया

सीबीआई ने आरोप लगाया है कि ए. राजा ने स्पेक्ट्रम आवंटन मुद्दे पर तथ्यों को छुपाया और प्रधानमंत्री को गुमराह किया। आरोपपत्र उल्लेख करता है कि 2 नवंबर, 2007 को राजा ने प्रधानमंत्री को लिखे पत्र में 'तथ्यों के साथ तोड़-मरोड़ करते हुए और गलत तरीके से अपने निर्णयों को न्यायोचित ठहराते हुए' अपने उस निर्णय को सही ठहराया जिसमें उसने यूएएस लाइसेंसों के आवेदनों के लिए कट ऑफ डेट को घटाकर 25 सितंबर, 2007 किया था। राजा ने अपने कथन को यह कहते हुए जायज ठहराया कि उसी दिन समाचारपत्रों में कट ऑफ डेट की घोषणा की गई थी, लेकिन आरोपपत्र कहता है कि जांच में जो रहस्य सामने आए, उनके मुताबिक समाचारपत्र में कट ऑफ डेट की घोषणा से पहले उसने अपने सहयोगियों के साथ मिलकर एक साजिश रची थी। उसने प्रधानमंत्री को भी यह कहते हुए गुमराह किया कि कानून और न्याय मंत्रायल का स्पेक्ट्रम और लाइसेंस आवंटन की पूरी प्रक्रिया के मामले को सशक्त मंत्रियों के समूह को भेजने का सुझाव संदर्भ से बाहर है। आरोपपत्र कहता है कि प्रधानमंत्री ने उसी दिन अपनी सहमति का पत्र राजा को भेजा। यह आगे कहता है कि इससे पहले कि पहला पत्र प्रधानमंत्री कार्यालय तक पहुंचता, राजा ने रात को ही प्रधानमंत्री को एक दूसरा पत्र भेजा। राजा के पूर्व अतिरिक्त निजी सचिव ए. आचारी ने एक मजिस्ट्रेट को बताया कि राजा ने बोला था और उसने ही उसे टाइप किया था। आचारी के अतिरिक्त सात अन्य गवाह हैं जिन्होंने अपने बयानों को दर्ज कराया है। वे हैं- उप निदेशक जनरल (दूरसंचार विभाग) ए.के. श्रीवास्तव, संयुक्त वायरलेस सलाहकार रामजी सिंह कुशवाहा, पूर्व वायरलेस सलाहकार आर.पी. अग्रवाल, एंबीट होल्डिंग प्राइवेट लिमिटेड के ग्रुप सीईओ अशोक वाडवाह, रिलायंस इन्फ्रास्ट्रक्चर लिमिटेड के जनरल मैनेजर आशीष कारीकर और देवदत्त पंडित जिनके व्यवसाय के बारे में कोई चर्चा नहीं है।

राजा के सहयोगी यूनिटेक को होड़ में लाए

यह पूर्व दूरसंचार मंत्री ए. राजा और यूनिटेक लिमिटेड और स्वान टेलीकॉम प्राइवेट लिमिटेड से जुड़े प्रोमोटरों के बीच हुई कथित साजिश का ही हिस्सा था जिसके तहत राजा का पूर्व सहयोगी आर.के. चंदौलिया कट ऑफ डेट तक आने वाले आवेदनों और आवेदक कंपनियों के नामों में से निर्णय करने की मुहिम की निगरानी कर रहा था।

सीबीआई के अधिकारी ने हिंदुस्तान टाइम्स को बताया कि 24 सितंबर, 2007 को कथित तौर पर चंदौलिया ने एक्सेस सर्विस सेल (एएससी) से यह पूछा था, "क्या नई यूएएस लाइसेंसों के लिए यूनिटेक की ओर से कोई आवेदन आया है?"

उसने बताया, "चंदौलिया ने अधिकारी को निर्देश दिया कि यूनिटेक के आवेदन की प्राप्ति के बाद कोई भी अन्य आवेदन को स्वीकार नहीं किया जाना चाहिए, जबकि यह उम्मीद की गई कि उसी दिन दूरसंचार विभाग को प्राप्त हो गया था।"

जब उक्त अधिकारी ने जवाब दिया कि इस प्रकार से आवेदनों की प्राप्ति को मनमाने ढंग से नहीं रोका जा सकता, कथित तौर पर चंदौलिया ने 'एक अन्य एएससी अधिकारी को एक नोट तैयार करने को कहा।'

बताया जाता है उक्त एएससी नोट एक प्रेस विज्ञप्ति जारी करने के लिए था जिसमें प्रस्तावित आवेदनों की रोक संबंधी और 10 अक्टूबर, 2010 को कट ऑफ डेट करने से संबंधित था।

"लेकिन राजा ने मनमाने ढंग से 1 अक्टूबर, 2007 को कट ऑफ डेट करने का निर्णय लिया।" एक स्रोत ने बताया।

"जबकि राजा यूनिटेक के तत्कालीन प्रबंध निदेशक संजय चंद्रा और स्वान टेलीकॉम के शाहिद बलवा और विनोद गोयनका के साथ मिलकर एक साजिश के तहत 25 सितंबर, 2007 को ही कट ऑफ डेट करने का निर्णय कर चुका था।" एक अन्य स्रोत ने बताया।

स्रोत के मुताबिक, स्वान टेलीकॉम और यूनिटेक की अयोग्यता के बावजूद यह सब हुआ।

हालांकि बाद में दूरसंचार विभाग के कुछ अधिकारियों ने लिखित तौर पर स्वान टेलीकॉम की अयोग्यता के बारे में अपनी ओर से आपत्ति जताई जिसमें यह कहा गया था कि यह लाइसेंस प्राप्त कंपनी अनिल धीरूभाई अंबानी समूह से संबंधित है, लेकिन इसके बावजूद 'बेहुरा और राजा ने उनकी आपत्तियों को ठुकरा दिया और स्वान को लाइसेंस का आवंटन कर दिया।"

रिश्वत मामले का मूल प्रमाणपत्र लापता

एक महत्त्वपूर्ण दस्तावेज की मूल कॉपी जो 2 जी स्पेक्ट्रम घोटाले में लाइसेंसों के आवंटन में हुए घपलेबाजी के तहत 200 करोड़ रुपये को कथित तौर पर ए. राजा और उसके सहयोगियों द्वारा कलैग्नार टीवी को भुगतान किए जाने के लिए काफी महत्त्वपूर्ण हो सकती थी, उसे अभी तक सीबीआई बरामद नहीं कर सकी है। एजेंसी सूत्रों ने बताया कि लापता उक्त दस्तावेज जिसे हम बरामद करने की कोशिश कर रहे हैं, वह एक करार पत्र है जो 12 दिसंबर, 2008 को सिनेयुग फिल्म्स प्राइवेट लिमिटेड (सीएफपीएल) और कलैग्नार टीवी प्राइवेट लिमिटेड के बीच हुआ था, जिसके बाद 200 करोड़ रुपये की रकम डायनामिक बलवा रियल्टी को दी गई थी...। डायनामिक्स रियल्टी प्राइवेट लिमिटेड (डीआरपीएल) ने कथित तौर पर उक्त कथित 200 करोड़ रुपये का भुगतान अपनी सहयोगी कंपनियों -कुशेगांव फ्रूट्स एंड वेजिटेबल्स प्राइवेट लिमिटेड (केएफवीपीएल) और एएफपीएल- से कलैगनार टीवी के बैंक खाते में दिया था...।" उक्त स्रोत ने बताया।

उक्त स्रोत के अनुसार.... "उक्त 200 करोड़ रुपये का हस्तांतरण, स्वान टेलीकॉम को लाइसेंस आवंटन किए जाने के बदले में दी गई रकम थी...।" सीबीआई ने अदालत को उक्त लापता दस्तावेज के बारे में सूचित किया है, लेकिन स्रोत के मुताबिक एजेंसी के पास उसकी एक कॉपी मौजूद है। सीबीआई द्वारा गिरफ्तार किए गए घोटाले के दो आरोपियों आसिफ बलवा (स्वान टेलीकॉम के पूर्व प्रबंध निदेशक शाहिद बलवा के चचेरे भाई) तथा राजीव अग्रवाल (केएफवीपीएल से संबंधित) ने कथित तौर पर '200 करोड़ रुपये को तकनीकी रूप से हस्तातंरण किया', लेकिन पूछताछ पर दोनों ने गोलमोल जवाब दिए।

सात इक्का गवाहों पर केंद्रित हैं जांच

सीबीआई ने सबूतों के साथ कोई मौका नहीं छोड़ते हुए और अपनी पारदर्शिता को और भी अभेद्य बनाते हुए 2 जी स्पेक्ट्रम घोटाले से जुड़े सात स्टार गवाहों के बयानों को एक मजिस्ट्रेट के सामने दर्ज कराया। उन्होंने 'मुखबिर' आशिरवाथन् आचारी को भी इसमें शामिल रखा जो राजा का निजी कर्मचारी था। यह देखते हुए कि गवाह प्रायः बदल जाते हैं और अभियोजन को कमजोर करते हैं, एक मजिस्ट्रेट के सामने दर्ज कराए गए बयानों से यह सुनिश्चित होता है कि वे अपनी बातों से मुकरेंगे नहीं।

घोटाले में शक्तिशाली व्यक्तित्व वाले आरोपियों का अहसास सीबीआई को है और इसलिए उसने उनकी जान की सुरक्षा के लिए गृह मंत्रालय को लिखा है। सीबीआई ने 125 गवाहों को नामित किया है जिसमें कॉर्पोरेट लाबीस्ट नीरा राडिया, अटार्नी जनरल जी.ई. वाहनवती और 50 वरिष्ठ सरकारी अधिकारी तथा कुछ वरिष्ठ कॉर्पोरेट हस्तियां भी शामिल हैं।

आचारी जो राजा का एक अतिरिक्त निजी सचिव था और जिसने घोटालों से पर्दा हटाया, उसने बताया कि राजा ने प्रधानमंत्री के लिए तैयार दो पत्रों को डिक्टेट किया था।

राजा ने प्रधानमंत्री को यह कहकर गुमराह किया, "उनका मंत्रालय लाइसेंसों के आवंटन में पारदर्शी था।" आचारी ने यह इशारा किया था कि कनिमोझी घोटाले में संलिप्त है। एक और गवाह अवधेश कुमार श्रीवास्तव (डीडीजी एक्सेस सर्विस दूरसंचार विभाग) ने दावा किया कि राजा, सिद्धार्थ बेहुरा और आर.के. चंदौलिया ने नियमों का उल्लंघन किया। आर.पी. अग्रवाल जो उस समय दूरसंचार विभाग में वायरलेस सलाहकार थे, ने राजा और चंदौलिया को स्पेक्ट्रम आवंटन में स्वान टेलीकॉम को पंक्ति से जंप कराने में मदद करने का दोषी ठहराया।

एक सीबीआई अधिकारी ने बताया, "आरोपी आर.के. चंदौलिया ने आर.पी. अग्रवाल, जो कि वायरलेस प्लानिंग एंड कोऑर्डिनेशन विंग के प्रमुख थे, पर दबाव बनाया और धमकाया कि स्पेक्ट्रम आवंटन के लिए स्वान टेलीकॉम की फाइल को वह स्वीकार करे।"

रामजी सिंह कुशवाहा, क्षेत्रीय लाइसेंसिंग कार्यालय में संयुक्त वायरलेस सलाहकार ने इसी प्रकार का एक बयान राजा और चंदौलिया के खिलाफ दिया जिसमें आरोप है कि इन्होंने 'पहले आओ पहले पाओ' के नियम को मनमाने

ढंग से बदल दिया और अब वह गवाह जिसने इस पूरे गठजोड़ में राजा और निजी कंपनियों रिलायंस सहित, का खुलासा करने में सबसे महत्वपूर्ण भूमिका निभाई वह है रिलायंस इन्फ्रास्ट्रक्चर लिमिटेड का जनरल मैनेजर आशीष कारेकर, जिसने विस्तार से खुलासा यह किया कि किस प्रकार से रिलायंस का उपयोग कर 2 जी स्पेक्ट्रम हासिल करने के लिए कंपनियों का निर्माण किया गया जिसमें स्वान टेलीकॉम भी शामिल है। वह अंतिम मुख्य गवाह जिसका बयान भारतीय दंड संहिता की धारा 164 के तहत एक मजिस्ट्रेट के सामने दर्ज किया गया, उसके नाम का अभी तक खुलासा नहीं किया गया है।

क्या कहते हैं आखिर प्रमुख सात गवाह

- **मुखबिर आसिरवाथन् आचारी:** ए. राजा का पूर्व अतिरिक्त निजी सचिव जिसने रिपोर्टों के मुताबिक घोटाले से पर्दा हटाया।

इनके खुलासे: दावा किया है कि प्रधानमंत्री को लिखे दो पत्रों को राजा ने ही डिक्टेट किया था जिसमें यह दावा किया गया था कि उनका मंत्रालय लाइसेंसों के आवंटन में पारदर्शी है।

- **श्रीवास्तव:** डीडीजी एक्सेस सर्विस दूरसंचार विभाग।

इनके खुलासे: अपने बयान में कहा है कि राजा, बेहुरा और चंदौलिया ने नियमों का उल्लंघन किया।

- **आर.पी. अग्रवाल:** पूर्व वायरलेस सलाहकार, दूरसंचार विभाग।

इनके खुलासे: कैसे राजा और चंदौलिया ने स्वान टेलीकॉम की फाइल को निडरता के साथ आगे बढ़ाया।

- **रामजी सिंह कुशवाहा:** क्षेत्रीय लाइसेंस कार्यालय।

इनके खुलासे: इन्होंने राजा और चंदौलिया के विरुद्ध मनमाने तरीके से नीतियों को बदलने के बारे में बयान दिया है।

- **आशीष कारेकर:** रिलायंस इन्फ्रास्ट्रक्चर लिमिटेड में जनरल मैनेजर।

इनके खुलासे: रिलायंस के पैसों को किस प्रकार से नई कंपनियों को बनाने में प्रयोग किया गया जिसमें स्वान टेलीकॉम भी शामिल है, के बारे में विस्तार से बताया है।

- **अशोक वाधवा:** वर्तमान में एंबिट होल्डिंग प्राईवेट लिमिटेड (पहले रिलायंस के साथ था) के सीईओ।

इनके खुलासे: इन्हें स्वान टेलीकॉम और टाइगर ट्रेडर्स प्राइवेट लिमिटेड

(शाहिद बलवा द्वारा बनाई गई कंपनी) का निदेशक बताया गया था। इनके खुलासे पर आरोप पत्र खामोश है।

सीबीआई ने सातवें गवाह के नाम का खुलासा यह कहते हुए नहीं किया है कि वह अगले आरोपपत्र के लिए महत्त्वपूर्ण है।

मेरे कार्यकाल में हुआ पहला दूरसंचार घोटाला.

–सीबीआई निदेशक

1996 दूरसंचार घोटाला सीबीआई ने कैसे इसे अंजाम तक पहुंचाया?

सीबीआई ने दिल्ली के स्पेशल जज श्री अजित भरिहोक की अदालत में 8 अगस्त, 1996 को सुखराम, श्रीमती रूनु घोष निदेशक (एफ.ए.) दूरसंचार विभाग और पी. रामाराव, मालिक एडवांस रेडियो मास्टर्स लिमिटेड, हैदराबाद के विरुद्ध एक मामला दर्ज किया।

इसमें कहा गया था कि एआरएमएल से सामान की खरीददारी के कारण भारत सरकार को करीब 1.68 करोड़ रुपये की हानि हुई। सीबीआई के उक्त आरोपपत्र का कुछ हिस्सा निम्न है:-

"1993-94 के अंत में आरोपी सुखराम, दूरसंचार राज्य मंत्री भारत सरकार और श्रीमती रूनु घोष, निदेशक (एफए) दूरसंचार विभाग, ने सरकारी सेवक होते हुए आरोपी पी. रामाराव के साथ मिलकर एक साजिश रची जिसमें या तो मेसर्स एडवांस रेडियो मास्टर्स लिमिटेड या खुद के वित्तीय लाभ के लिए अपने सरकारी पद और पोजिशन का दुरुपयोग किया और अधिक कीमत अदा कर निम्न गुणवता का 2/15 एमएआरआर शेयर्ड रेडियो सिस्टम इक्वीपमेंट (क्रिस्टल संस्करण) मेसर्स एडवांस रेडियो मास्टर्स लिमिटेड से खरीदा और इस प्रकार भारत सरकार को करीब 1.68 करोड़ रुपये की वित्तीय हानि हुई।"

पूरे मामले की पृष्ठभूमि निम्न है:-

"दूरसंचार विभाग ने कुल 3000 की संख्या में 2/15 एमएआरआर शेयर्ड रेडियो सिस्टम उपकरण खरीदने के लिए 27 जनवरी, 1991 को एक निविदा जारी की। निविदा में यह खास तौर पर कहा गया था कि स्थानीय ओसिलेटर्स वाले उक्त उपकरण में संश्लेषित आवृत्ति नियंत्रण और कैपेसिटी हो और व्यापक बदलाव के साथ इनपुट डीसी वोल्टेज को झेलने वाले को प्राथमिकता दी जाएगी। निविदा मूल्यांकन समिति ने कुल 35 प्राप्त की गई निविदाओं का अध्ययन किया और 1992-93 की अवधि

के दौरान 3,54,500 रुपये प्रति यूनिट के हिसाब से कुल 500 उपकरणों को खरीदने की सिफारिश की।

उस समय हैदाराबाद की एडवांस रेडियो मास्टर्स (एआरएम) एकमात्र कंपनी थी जिसे अपने क्रिस्टल संस्करण के कारण मंजूरी मिली थी। टीईसी ने 1992-93 में कमिशनिंग के लिए एआरएम को 28 फरवरी, 1993 तक 500 सिस्टमों की आपूर्ति के लिए एक जवाबी प्रस्ताव भेजने के लिए सिफारिश की। टेलीकॉम समिति ने इन सुझावों का अध्ययन किया और सिफारिशों को मंजूरी दे दी।

इससे पहले कि खरीददारी का आदेश एआरएम के पास जाता, नई दिल्ली स्थित श्याम टेलीकॉम को अपने संश्लेषित संस्करण के कारण उसके टाइप का अनुमोदन मिल गया और उसने ऑर्डर के लिए अनुरोध किया। तब विभाग ने सदस्य (उत्पादन) की सहमति से एआरएम को 300 उपकरणों के लिए और श्याम टेलीकॉम को 200 उपकरणों के लिए आदेश देने का निर्णय लिया। आपूर्ति को पूरा किया गया।

शेष 2500 रेडियो प्रणालियों को 1993-94 में खरीदा जाना था। इस बीच 1993-94 का केंद्रीय बजट पेश किया गया। जिसमें कई इलेक्ट्रॉनिक उपकरणों के शुल्कों पर विभिन्न रियायतों की घोषणा की गई। इसके बाद पी. रामाराव, एआरएम के प्रबंध निदेशक ने विभिन्न प्रकार के क्रिस्टल कंट्रोल से युक्त एम एआरआर की आपूर्ति के लिए 3,45,000 रुपयों की पेशकश की। साथ ही संश्लेषित संस्करणों के लिए भी उसी कीमत पर पेशकश की जिसके टाइप का अनुमोदन जून, 1993 में स्वीकार किए जाने की उम्मीद थी।

इस बीच विभाग ने एक कीमत समझौता समिति (पीएनसी) का गठन किया, ताकि मौजूदा आपूर्तिकर्ताओं के साथ कीमतों के बारे में मोल-तोल किया जा सके। उक्त पीएनसी में शामिल थे-के.सी. गुप्ता (उप महानिदेशक-आर. एन.), उजागर सिंह (निदेशक एमएमसी) और रूनु घोष (निदेशक-एफ ए-वी)। इसी बीच चंडीगढ़ की एक कंपनी पुनवायर लिमिटेड को भी उक्त उपकरणों के संश्लेषित संस्करणों के लिए टाइप अनुमोदन मिल चुका था।

10 जून, 1993 को पीएनसी ने एआरएम, पुनवायर और श्याम टेलीकॉम के साथ मोलभाव के लिए वार्ता की। एआरएम 31 जुलाई, 1993 तक 450 क्रिस्टल संस्करण और 1050 संश्लेषित संस्करणों को अगस्त, 1993-फरवरी, 1994 के बीच 3,42,000 रुपये प्रति यूनिट की दर से आपूर्ति करने को सहमत हुआ। पुनवायर, संश्लेषित संस्करण के उपकरणों की आपूर्ति के लिए उसी कीमत पर तैयार हुआ।

पुनवायर ने उल्लेख किया कि क्रिस्टल संस्करण की तुलना में उसके उपकरणों के रख-रखाव में पुर्जों के संग्रहण की आवश्यकता होती है, साथ ही उसमें अतिरिक्त सुविधाएं भी थीं। श्याम टेलीकॉम के संश्लेषित संस्करण वाले उपकरण नकली एलएनए, बिजली आपूर्ति, ऑर्डर वायर सुविधा और अन्य अतिरिक्त सुविधाओं से भी युक्त थे और यह सबसे कम कीमत यानी 3,40,750 रुपये में आ रहा था। श्याम टेलीकॉम के अनुबंध की सिफारिश करते हुए पीएनसी ने यह भी पाया कि क्रिस्टल आवृत्ति पर आधारित उपकरण संश्लेषित संस्करण की तुलना में खराब गुणवत्ता वाला था। यह भी नोट किया गया कि एआरएम के क्रिस्टल संस्करण वाले उपकरण में आरएसयू यूनिट की स्थापना या प्रतिस्थापना के समय डायल टोन में देरी की एक गंभीर सीमा समस्या मौजूद थी, जो आरएसयू और बीएसयू के बीच में आने-जाने का क्रम शामिल हो सकती थी, जबकि क्रिस्टल संस्करण पहचान कोड के बदलने की किसी सुविधा के बगैर आया था। इसके अलावा इसके लिए स्पेयर पार्ट्स के एक बड़े स्टॉक की आवश्यकता थी, साथ ही आने वाले दिनों में इसकी लागत बढ़ने जा रही थी। इसलिए पीएनसी ने क्रिस्टल संस्करण के लिए रियायती मूल्य का सुझाव दिया।

पीएनसी के चेयरमैन एन.सी. गुप्ता ने दो अन्य सदस्यों को उनके हस्ताक्षर के लिए अपनी रिपोर्ट भेजी। उजागर सिंह ने उक्त रिपोर्ट पर अपने हस्ताक्षर कर दिए, लेकिन रूनु घोष ने ऐसा नहीं किया। उन्होंने पेंसिल से नोट करके कुछ आपत्तियों को उठाया, तब गुप्ता ने उक्त रिपोर्ट को उप महानिदेशक (एम एम-1) के पास भेजा। इस बीच घोष ने उक्त पत्र में लिखा कि वह 1 डब्ल्यू/4 डब्ल्यू स्वीच वाले ट्रांसरिसीवर क्रिस्टल कंट्रोल और 1 डब्ल्यू/4 डब्ल्यू स्वीच युक्त हाथ वाले रिसीवरों के साथ ही संश्लेषित संस्करण ट्रांसरिसीवर जो कि 2/15 एमएआरआर उपकरणों के बीच एक तुलनात्मक अध्ययन जानना चाहती हैं। इसके साथ ही उन्होंने अपने नोट में संश्लेषित संस्करण की श्रेष्ठता को रेखांकित किया और यह भी चर्चा की कि फाइल नंबर 80-143/92-एमएमसी (पीटी) में यह पहले ही निर्णय लिया जा चुका था कि केवल संश्लेषित संस्करण ही उस साल खरीदे जाएंगे, तब उप महानिदेशक (1 एमएम-1) ने उनसे पूछा कि क्रिस्टल संस्करण की कीमत निर्धारण किया जाए। गुप्ता ने डीजीएस एंड डी की मदद से दोनों की कीमतों में अंतर का अध्ययन किया और संश्लेषित संस्करण की कीमत में 37,170 रुपये की कमी का सुझाव दिया।

एसएम प्रसाद, जो टेलीकॉम आयोग के सेवानिवृत्त सदस्य (टी) थे, सीबीआई ने इस मामले में उनका विचार पूछा तो उन्होंने जो बताया, वह इस प्रकार से है:-

"मेरे विचार में क्रिस्टल संस्करण एमएआरआर किसी खास स्थान के लिए विशिष्ट है, जबकि संश्लेषित संस्करण किसी भी स्थान के लिए उपयुक्त है। इस प्रकार से एमएआरआर क्रिस्टल को अन्य स्टेशनों पर प्रयोग में लाने के लिए क्रिस्टल में परिवर्तन की जरूरत होगी। वहीं संश्लेषित संस्करणों में इस प्रकार की कोई सीमा नहीं होती है। इसलिए संश्लेषित संस्करण क्रिस्टल संस्करण की अपेक्षा ज्यादा बहुमुखी और बेहतर होगा...।

यह पूछे जाने पर कि क्या इस मामले में टीईसी से रूनु घोष द्वारा किसी प्रकार के स्पष्टीकरण लिए जाने की जरूरत थी, जवाब मिला कि रूनु घोष द्वारा अपनाए गए कदम की कोई आवश्यकता नहीं थी। इस प्रकार की किसी स्थिति से निबटने के लिए सबसे उपयुक्त यह होता कि टीईसी (टेंडर मूल्यांकन समिति) के सदस्यों से संपर्क किया जाता और जहां तक क्रिस्टल और संश्लेषित संस्करणों की कीमत में अंतर का सवाल है, इसकी चर्चा इन सदस्यों से की जाती क्योंकि इन लोगों ने निविदाओं के आधार पर कीमत तय की थी। टीईसी की बैठक बुलाने के लिए उन्हें फाइल के बारे में अपने वरिष्ठ अधिकारियों को बताना चाहिए था, टीईसी की बैठक बुलाने में सक्षम थे।

मैंने श्रीमती रूनु घोष द्वारा तारीख 25 मई, 1993 को लिखे गए नोट को पढ़ा है जिसमें उन्होंने उल्लेख किया है कि एनआईटी के मुताबिक क्रिस्टल कंट्रोल संस्करण और संश्लेषित संस्करण दोनों स्वीकार्य हैं और न केवल 1100 से ज्यादा 2/15 क्रिस्टल कंट्रोल स्थापित हो चुके हैं, बल्कि के. 5004/30 प्रणाली के आदेश भी आईटीआई को दिया जा चुका है।

इसके खिलाफ टीआरआई 10090 जिसे टेलीकॉम इंजीनियरिंग केंद्र ने जारी किया था, जिसमें 2/15 साझा रेडियो वीएचएफ के लिए यह परिकल्पना की गई है कि इनपुट डीसी वोल्टेज के संश्लेषित बदलाव के साथ स्थानीय ओसीलेटर वाले उपकरण बेहतर होंगे, अपने आसानी से गतिशीलता और बिजली की आपूर्ति की व्यापक अस्थिरता के आधार पर अच्छा होगा।"

तब उक्त फाइल रूनु घोष के पास जांच और वित्तीय सहमति के लिए वापस चली गयी। हालांकि उन्होंने उक्त फाइल को उप महानिदेशक(पीएफ) को भेजा था, लेकिन वह सीधे सुखराम को प्रस्तुत की गई थी जिस पर उसने

फाइल को एमओएस (सी) की इच्छा पर प्रस्तुत टिप्पणी के साथ चिह्नित किया। फाइल को पुनः उसे लौटा दिया गया जिस पर मंत्री के निजी सचिव का यह नोट अंकित था कि पूर्वाग्रह के कारण मंत्री उसे नहीं देख सकते। तीन दिनों बाद उक्त फाइल को पुनः मंत्री के पास पेश किया गया। उन तीन दिनों में जो कि कार्य दिवस थे, उक्त फाइल को उप महानिदेशक(पीएफ)को पेश नहीं किया गया।

इस बीच घोष ने वरिष्ठ उप महानिदेशक, टेलीकॉम इंजीनियरिंग सेंटर को बिना अपने वरिष्ठों की स्वीकृति के एक पत्र भी लिखा। उसने मंत्री के निजी सचिव को एक जवाब भेजा जिसे उस फाइल में लगाने को कहा गया था। घोष ने हैदराबाद की सरकारी यात्रा के दौरान रामाराव से आतिथ्य स्वीकार किया और एक मोतियों की माला भी उपहार के तौर पर स्वीकार की, जिसकी कीमत 1500 रुपये थी।

पीएनसी की सदस्य होने के नाते रूनु घोष ने पीएनसी की बैठक में उस पत्र पर अपना हस्ताक्षर करने से इंकार कर दिया था जिसमें अध्यक्ष ने संश्लेषित संस्करण की श्रेष्ठता को रेखांकित और क्रिस्टल संस्करण की कम कीमतों की सिफारिश की थी। उसने अलग से भी एक रिपोर्ट लिखी जिसमें यह उल्लेख किया गया था कि तकनीकी खामियों और प्रणालियों के फायदों सहित इस बारे में बैठक में कोई चर्चा नहीं की गई कि इस प्रकार के तकनीकी मुद्दों पर टीईसी/9ए के दस्तावेजों की जरूरत होगी। इस प्रकार के अवलोकनों को शामिल किया जाता है और पीएनसी रिपोर्ट के अंतिम पैराग्राफ को हटाने का प्रस्ताव रखा। उसने अपने 23 जुलाई, 1993 की नोट संख्या 48/एन-50/एन में यह सुझाव दिया कि क्रिस्टल संस्करण के लिए किसी एक विक्रेता का कम कीमत की पेशकश करना भेद-भाव वाला होगा और अदालत में इसका बचाव करना मुश्किल होगा।

सीबीआई ने यह निष्कर्ष पाया कि यदि वह विशेषज्ञ थीं और क्रिस्टल व संश्लेषित संस्करणों के मूल्यों के बीच अंतर के बारे में दिलचस्पी थी तो उसे टीईसी को लिखे अपने पत्र में संबंधित संस्करणों की तुलनात्मक दरों के बारे में पूछना चाहिए था। उसने समिति के अध्यक्ष द्वारा तैयार किए गए आंकड़ों में दोष निकालना आरंभ कर दिया, जाहिर तौर पर वह इस प्रकार का भ्रम पैदा करके हैदराबाद स्थित कंपनी के लिए जमीन तैयार कर रही थीं जिसके लिए उसने मूल्य की कमी को चुनौती देने का प्रयास किया। यह भी पता चला कि

रूनु घोष के पति ने एआरएम से कुछ प्रोमोटरों के शेयर खरीदे थे। रामाराव के हस्ताक्षर वाले एआरएम के खाली लेटरहेड उसके कार्यालय से जब्त किए गए। (यह घोष की ओर से दी गई दलील थी कि इन रिक्त लेटरहेडों की बरामदगी अप्रासंगिक है क्योंकि उस समय कंपनी का नाम एडवांस रेडियो मास्टर्स लिमिटेड था, लेकिन उसकी डायरी में 26 अप्रैल, 1993 की एक प्रविष्टि थी जिसमें एआरएम की चर्चा थी।

टेलीकॉम आयोग ने अनुशंसित कीमत 2,98,460 रुपये पर क्रिस्टल संस्करणों वाले उपकरणों की मंजूरी दी (अनुशंसित कीमतों में 37,170 रुपये की कमी के बाद)। चूंकि बोली लगाने वाली कंपनी में एक (नेटेल्को) 1.5 प्रतिशत की छूट देने को तैयार हो गई थी, जबकि संश्लेषित संस्करण वाले उपकरणों की कीमत 3,35,639 रुपये तय हुई थी।

2500 प्रणालियों के लिए ऑर्डर इस प्रकार से आवंटित किया गया था:

- एआरएम : 800 सिस्टम –300 क्रिस्टल, 500 संश्लेषित
- श्याम टेलीकॉम : 800 संश्लेषित
- पुनवायर : 450 संश्लेषित
- नेटेल्को : 450 संश्लेषित

जब उक्त फाइल को मंत्री के सामने रखा गया तो उन्होंने उक्त आवंटन में निम्न प्रकार से परिवर्तन कर दिया–

- एआरएम : 900 सिस्टम –300 क्रिस्टल, 600 संश्लेषित (+100)
- श्याम टेलीकॉम : 900 संश्लेषित (+100)
- पुनवायर : 250 संश्लेषित (–200)
- नेटेल्को : 450 संश्लेषित

एआरएम को जब यह अग्रिम खरीद आदेश प्राप्त हुआ तो संश्लेषित संस्करण की कीमत को स्वीकार कर लिया, लेकिन वह इसकी कीमत क्रिस्टल संस्करण के बराबर चाहता था। विभाग इस पर सहमत नहीं हुआ, तो एआरएम फिर आया और खरीद आदेश को 28 सितंबर, 1993 को जारी गया।

इससे पहले 11 सितंबर, 1993 को एआरएम ने सीधे मंत्री से संपर्क किया और कहा कि क्रिस्टल संस्करण वाले उपकरणों की संख्या को 300 से बढ़ाकर 450 किया जाए ताकि दोनों संस्करणों की कीमत समान रहे। इसके साथ ही बिक्री कर को अलग किया जाए, तब मंत्री ने मामले की दुबारा से जांच करने का निर्देश दिया। विभाग कीमतों में अंतर के मामले पर अपना रुख कड़ा किए

रहा, लेकिन क्रिस्टल संस्करण के आवंटनों की संख्या 300 से 450 करने को तैयार हो गया। विभाग ने यह भी स्पष्ट कर दिया कि उपकरणों की मात्रा के वितरण का निर्धारण मंत्री ने खुद किया है, जैसा कि क्रिस्टल संस्करण पर संश्लेषित की कीमत कस्टम ड्यूटी में रियायत को लेकर पहले ही संशोधित कर दिए गए थे, जैसा कि विभाग द्वारा क्रिस्टल संस्करण के लिए पेश की गई कीमत को एआरएम ने स्वीकार किया था और क्रय आदेश पहले ही जारी किया जा चुका था। मंत्री ने विभाग की सिफारिशों को नजरअंदाज कर दिया और रामाराव के अनुरोधों पर सहमत हो गए। दोनों संस्करणों के लिए समान कीमत तय की जाना: बिक्री कर के लिए अतिरिक्त भुगतान, और अतिरिक्त पुर्जों की आपूर्ति के लिए उन्हें सभी दोषों से माफ कर दिया गया।

विभाग ने एक बार फिर से कानूनी सलाह लेने का सुझाव दिया और दोनों संस्करणों की कीमतों में हो रहे अंतरों को देखते हुए वित्त मंत्रालय की लागत व लेखा अधिकारी के विचारों को जानने को कहा, लेकिन मंत्री ने सुझावों को सीधे तौर पर खारिज कर दिया। विभाग ने दूरसंचार आयोग के अध्यक्ष के हस्तक्षेप की मांग की, लेकिन वह भी व्यर्थ गया। नतीजतन, संशोधित क्रय आदेश एआरएम को जारी किए गए। जिसमें क्रिस्टल संस्करण की 450 प्रणाली और संश्लेषित संस्करण की 450 प्रणालियों को 3,35,639 रुपये प्रति की दर से आपूर्ति किया जाना था। इस प्रकार से कंपनी को 1.66 करोड़ (मूल्य में अंतर 37,170 रुपया X450)।

विशेष अदालत में न्यायाधीश ने 20 मई, 1998 को तीनों आरोपियों को दोषी ठहराया, लेकिन दिल्ली उच्च न्यायालय के न्यायमूर्ति आर.एस. सोढी ने 30 जनवरी, 2001 को आदेश से अलग हटकर प्रतिवादी के साथ आपराधिक संशोधन की अनुमति दी, उन्हें छूट दी और निम्नलिखित निष्कर्ष दर्ज किया:

"श्रीमती रूनु घोष ने वैकल्पिक तौर पर काम किया और आयोग का सदस्य होने के नाते अपने कर्तव्यों का निर्वाहन किया है। यहां पर ऐसा कुछ नहीं है जिससे यह साबित होता हो कि मंत्री सुखराम प्रतिवादी नंबर-1 या प्रतिवादी नंबर-3 मिस्टर राव के साथ मिलकर उसने कोई साजिश की या किसी भी गलत तरीके से या तो मैसर्स एडवांस रेडियो मास्टर्स लिमिटेड या खुद के लिए या फिर मंत्री के लाभ के लिए कुछ किया हो। प्रतिवादी नंबर-2 द्वारा दिया गया नोट उसके निर्णय को सही करने का एक तर्क है, जो उसके तथ्यों द्वारा समर्थित है। इसमें ऐसा कुछ नहीं है जिससे यह पता चले कि यह एक

गलत मकसद से किया गया काम है। इस नोट या उसकी विशेष राय लिए जाने या सुझाव से यह नहीं साबित होता कि इससे वह किसी की मदद कर रही थीं।

रिकॉर्ड में रखे गए तथ्यों को देखने के बाद प्रथम दृष्टि में ऐसा प्रतीत होता है कि मूल्य वार्ता समिति ने अपने अधिकारों का प्रयोग करते हुए अतार्किक रूप से काम किया। मंत्री का निर्णय गौर करने लायक है, जो किसी भी संदेह से कम संदेहास्पद नहीं है, ताकि अधिनियम के तहत परीक्षण किया जाए।

अगर मूल्य वार्ता समिति ने पाया था कि पहले की कीमतें सही तरीके से तय नहीं की गईं थीं, तब निविदा को रद्द और नये सिरे से आरंभ किया जाना चाहिए था और यदि ऐसा नहीं हुआ, तो यह अनुमति देना कभी भी उचित नहीं था कि पूरी निविदा प्रक्रिया का पुनः मूल्यांकन किया जाए। उन अन्य सभी पहलुओं से अलग जो इसमें किए गए। इसलिए यहां रिकॉर्ड पर ऐसा कोई तथ्य नहीं है जो यह दिखाए कि मंत्री श्री सुखराम-प्रतिवादी नंबर 1 किसी भी प्रकार से कम/या जान-बूझकर अपनी किसी हद से बाहर गए या अपने किसी भी सही या गलत तरीके से सरकारी राजस्व को क्षति पहुंचाई।

पूरी कार्रवाई को संक्षिप्त करने का यह सबसे अच्छा अवसर है।

ऐसा नहीं कहा जा सकता है कि कोई बुरा मकसद, द्वेष या इरादा था, जो प्रतिवादी की कार्रवाई को भ्रष्टाचार निरोधक अधिनियम के अंतर्गत लाता है। सरकार से दुकानदारों की तरह काम करने की उम्मीद नहीं की जा सकती है। –(1993)3 एसएससी 499

उच्च न्यायालय का कहना था कि पीएनसी ने कीमतों को कम करने में अपनी सीमाओं को लांघा और प्रणालियों की तकनीकी दक्षता को भी सही नहीं आंक सका।

यह एक स्वीकार किया हुआ सिद्धांत है कि एक बार निविदाएं जब एक सक्षम प्राधिकारी द्वारा स्वीकार कर ली जाती हैं तो फिर उसमें परिवर्तन केवल अनुबंध के अनुसार ही किया जा सकता है। इसलिए मूल्य वार्ता समिति (पीएनसी) ही कीमतों के मामले में किसी भी विषयांतर के समझौता पत्र के मुताबिक ही समीक्षा कर सकती थी। नियमों से किसी भी प्रकार का विचलन वाणिज्यिक लेन-देन की स्वीकार शर्तों के मुताबिक ही संभव है। एक बार अगर कोई सरकार या विभाग बाजार में निविदा के साथ उतरती है तो फिर खुद की इस शक्ति की उपेक्षा नहीं कर सकती। जिसके तहत असली निविदा को रद्द किए बिना फिर से पूरी निविदा के मूल्यांकन का अधिकार भी शामिल है। रूनु

घोष की असहमति वाला नोट यह स्पष्ट करता है कि मूल्य वार्ता समिति द्वारा लिया गया निर्णय अपूर्ण था और इसलिए समिति का एक सदस्य होने के नाते उन्हें अपनी बात कहने का अधिकार था। उनकी असहमति वाला नोट स्पष्ट है और उससे यह इंगित नहीं होता कि ऐसे किसी गलत तरीके का प्रयोग किसी भी पक्ष से लाभ उठाने के लिए किया गया था। इसके अलावा वह निर्णय करने वाली प्रक्रिया के सदस्यों में से एक थी और वह अपने वरिष्ठ अधिकारियों द्वारा खारिज किया जा सकता था।

मेरे हिसाब से श्रीमती रूनु घोष ने निष्पक्ष होकर अपना काम किया है और आयोग के सदस्य के रूप में अपने कर्तव्यों का निर्वहन किया है। यहां पर उपलब्ध कोई ऐसी चीज नहीं है जिससे यह प्रतीत हो कि उसने मंत्री या राव के साथ मिलकर कोई साजिश रची, ताकि कोई गलत तरीके से या तो मंत्री को या फिर मैसर्स एआरएम को या खुद को कोई लाभ हो। आरोपी द्वारा पेश किया गया नोट उसके निर्णय को सही ठहराता है, जो तथ्यों द्वारा भी समर्थित है। इसमें ऐसा कुछ भी नहीं है जिससे यह पता चले कि इसके पीछे कोई गलत मंशा हो। उसके द्वारा दिया गया नोट एक विशेषज्ञ के रूप में उसकी राय को व्यक्त करता है, न कि किसी पक्ष की मदद की खातिर। रिकॉर्ड पर मौजूद तथ्यों की बदौलत अभियोजन पक्ष जो साबित करना चाहता है, वह बहुत दूर की बात है, केवल संदेह पर्याप्त नहीं है।

जहां तक श्री राव का संबंध है, वह मंत्री के सामने अपने अधिकारों को व्यक्त करने में बिल्कुल सही थे। उनके मुताबिक, पीएनसी उनके साथ ठीक नहीं कर रहा था। प्रणाली की तकनीकी दक्षता का फिर से मूल्यांकन किया गया था। कीमतों को कम करने के लिए उनकी प्रणालियों की खराब और ऐसी प्रणालियों के साथ तुलना की गई, जो उनके लायक नहीं थी। इसलिए उनकी शिकायत अनुचित नहीं थी क्योंकि पीएनसी ने अनुबंध का उल्लंघन किया था और मंत्री से अपनी बात कहने को उनकी कोई साजिश नहीं कहा जा सकता। फाइल पर नोटिस को लेकर सुखराम की भूमिका को भी स्पष्ट नहीं किया गया है। यह स्पष्ट है कि उन्होंने पूरी फाइल में सामग्री के मूल्यांकन के बाद अपने विवेक का परिचय दिया है। उक्त नोट में मंत्री द्वारा अपने निर्णय बताने वाले तर्कों का भी उल्लेख है। उनको पढ़ने के बाद यह स्पष्ट होता है कि वे मूल्यांकन समझौता समिति से संतुष्ट नहीं थे जिसने अपनी सीमाओं से बाहर जाते हुए टीईसी की उपेक्षा की और पूरी निविदा का मूल्यांकन किया। जैसा कि

पहले कहा जा चुका है कि अगर वास्तविक निविदा में एक बार कीमत तय हो चुकी थी तो बजट में बताए गए लाभों की मात्रा को देखते हुए ही हो सकता था। कीमत समझौता समिति को यह अनुमति नहीं दी थी कि प्रणाली के तकनीकी पहलुओं को फिर से खोले और/या उसका पुनः मूल्यांकन करें, जो पहले से ही प्राथमिक रूप से निविदा मूल्यांकन समिति और दूसरी एजेंसियों द्वारा मूल्यांकित किया जा चुका है। इस प्रकार से अभियोजन पक्ष की ओर से टीईसी के विरुद्ध कोई भी गलती नहीं पाई गई, जिसके तहत अभियुक्त के प्रभार लेने से पहले 3,54,500 रुपये की कीमत पर 500 यूनिट तय किया गया, जबकि कहा ऐसे जा रहा है जैसे यह किसी डायन की तलाश है। कीमतों को नीचे लाया गया था, लेकिन पीएनसी द्वारा सुझायी गई मात्रा तक नहीं जिसने उन तरीकों का प्रयोग किया जिसकी कोई तुलना भी नहीं की जा सकती। निश्चय ही मंत्री कोई रबर स्टाम्प नहीं है। अतः मामले को एक निष्पक्ष और उद्देश्यपूर्ण ढंग से सुलझाये जाने की आवश्यकता थी।

सीबीआई के विद्वान वकील श्री दत्त ने यह प्रस्तुत किया है कि हमारे लिए यह जानना जरूरी नहीं है कि पहले क्या कीमत तय हुई थी और उसके पीछे कारण क्या थे, बल्कि हमारा काम सरकारी खजाने को हुए नुकसान के पहलुओं का निर्णय करना है। वाणिज्यिक उद्यमों के साथ सौदा करते वक्त सही दृष्टिकोण नहीं अपनाया गया। सरकार हमेशा व्यावसायिक उद्यमों के साथ हानि उठाती है, इसका मतलब यह नहीं होता कि वे सभी जो इस निर्णय तक पहुंचाने के लिए काम करते हैं, वे भ्रष्टाचार निरोधक अधिनियम के उल्लंघन के दोषी होते हैं। इसी प्रकार हानि को दिखाना ही, अधिनियम के प्रस्तावों को आमंत्रित न करने के लिए पर्याप्त नहीं है। पुनरावृत्ति की कीमत पर मूल्य पहले ही तय कर लिए गए थे, जब निविदा अंतिम रूप से फाइनल की जा चुकी थी। अभियोजक इन तथ्यों के साथ कोई गलती नहीं पाता है, लेकिन यह कहना चाहता है कि नई पीएनसी पहले वाले की अपेक्षा ज्यादा बुद्धिमान थी। मेरे ख्याल में, किसी सरकारी सेवक की किसी गलती को भ्रष्टाचार निरोधक अधिनियम के तहत लाने के लिए इतना पर्याप्त नहीं है। अंततः यदि मूल्य समझौता समिति ने पाया था कि पूर्व में तय की गई कीमत सही नहीं थी, तो निविदा को रद्द किया जाना चाहिए था और नए सिरे से आरंभ किया जाना चाहिए था। चूंकि ऐसा नहीं हुआ है तो इसकी अनुमति नहीं दी जा सकती कि पूरी निविदा प्रक्रिया का सभी पहलुओं पर फिर से मूल्यांकन किया जाए, बजाय

इसके कि जो निविदा में उल्लेख किया गया है। इसलिए रिकॉर्ड पर ऐसा कोई भी तथ्य मौजूद नहीं है जो यह दिखाता है कि मंत्री ने किसी भी प्रकार से अपनी सीमाओं का उल्लंघन सही या गलत किसी प्रकार से किया और सरकारी राजस्व को हानि पहुंचाई। यहां पर ऐसा कोई तथ्य मौजूद नहीं है जिससे यह पता चले कि किसी प्रकार की गड़बड़ी हुई। मेरे सामने यह बहस की गई कि साजिशकर्ताओं ने कई प्रकार के संदिग्ध तरीकों को अपनाया। इसलिए अभियोजन के लिए अनुमति मिलनी चाहिए, ताकि उन रहस्यों का खुलासा किया जा सके। मैं इस बहस से संतुष्ट नहीं हूं। यहां पर उपलब्ध तथ्यों से यह इंगित होना चाहिए, जो यह साबित करे कि आरोपों को लगाने से पहले उक्त साजिश के बारे में गंभीर किस्म का संदेह रहा है। यह एक गंभीर मामला है और उसी के मुताबिक इससे निबटना चाहिए। महज संदेह काफी नहीं है, बल्कि ठोस संदेह भी होना चाहिए।

आरोप फ्रेम करने के लिए उन तथ्यों को सामने रखा जाता है, जो अदालत को कर्ता के बारे में धारणा बनाने के लिए किसी भी संदेह और नकारात्मक दृष्टिकोण से परहेज ना करने दें। किसी भी अदालत के लिए यह आवश्यक है कि मौजूद तथ्यों को बिना किसी पूर्वधारणा, सकारात्कता और निष्पक्षता के साथ देखे। उसके सामने रखे गए तथ्य अपने आपमें संदेह को मजबूत करने वाले होने चाहिए। कोई भी धारणा तब तक नहीं बनाई जानी चाहिए जब तक कि मौजूद तथ्यों की जांच से इस प्रकार का कोई कारण नजर नहीं आता है।

मैं ऐसा कोई भी तथ्य नहीं पा रहा हूं, जो आरोप तय करने में सहायक सिद्ध हो। एक अदालत अपने सामने उपलब्ध कराए गए तथ्यों से बंधी होती है, न कि इससे अभियोजन पक्ष के मन में क्या चल रहा है...। कोर्ट का बहुमूल्य समय महज इसलिए बर्बाद नहीं किया जाना चाहिए कि एक ट्रायल की प्रक्रिया को पूरा करने की खातिर निष्कर्ष के लिए भविष्य की किसी तारीख की घोषणा की जाए। मुझे विश्वास है कि यह ट्रायल एक व्यर्थ की कवायद या समय की बर्बादी है। इसलिए मैं इस मामले की सुनवाई की प्रक्रिया को संक्षिप्त करने के लिए यही उपर्युक्त समय पा रहा हूं।"

सीबीआई ने सर्वोच्च न्यायालय में मई, 2001 में इस आदेश के खिलाफ एक विशेष अनुमति याचिका दायर की।

सर्वोच्च न्यायालय ने इस मामले में दिल्ली उच्च न्यायालय के निर्णय को सीधे उलट दिया और विशेष सीबीआई जज वी.के. जैन द्वारा सुनवाई के बाद

मामला 5 जुलाई, 2002 को विश्वास के साथ समाप्त हुआ। सुखराम और पाटारू रामाराव को तीन साल के सश्रम कारावास और रूनु घोष को दो साल की सजा सुनाई गई।

इस मामले को मीडिया द्वारा किए गए कवरेज के अंश नीचे दिए गए हैं:-

'घोटाले' के भूत ने अंततः सुखराम को दबोचा

-इंडियन एक्सप्रेसः

13 दिसंबर, 2001 को सर्वोच्च न्यायालय के निर्णय के बाद मामला एक निचली अदालत को लौट गया था, जिसे दिल्ली हाई कोर्ट के जज आरएस सोढी ने 30 जनवरी, 2001 को अपने निर्णय में ठुकरा दिया था जिसमें कहा गया था कि प्रथम दृष्ट्या आरोपियों के खिलाफ कोई ऐसा सबूत नहीं है जिससे आरोप लगाया जा सके। सर्वोच्च न्यायालय ने एक स्पेशल जज को नियुक्त करने का निर्देश दिया, ताकि मामले की रोज के आधार पर सुनवाई हो सके।

पत्रकारों से खचाखच भरे हुए कमरे में जज ने सजा की घोषणा करते हुए कहा कि सुखराम को दो मामलों में दंडित किया गया-आपराधिक षड्यंत्र और भ्रष्टाचार निरोधक अधिनियम के तहत। जेल में बितायी गई अवधि के अतिरिक्त उन्हें प्रत्येक दोनों अपराधों के लिए एक लाख रुपये का जुर्माना भी भरना होगा। घोष को भी दो आरोपों के लिए दंडित किया गया जिसमें उन्हें दो साल जेल में गुजारने होंगे और आपराधिक गतिविधि व भ्रष्टाचार निरोधक अधिनियम के तहत दोनों अपराधों के लिए 50,000 रुपये का जुर्माना भी भरना होगा। राव को जेल की सजा के अतिरिक्त 2 लाख रुपये का जुर्माना भी अदा करना होगा। तीनों आरोपियों को 5 अगस्त तक जमानत दी जाती है, ताकि वे उच्च न्यायालय में अपील कर सकें। तब तक वी.के. जैन सजा को प्रस्थगित रखेंगे। तीनों आरोपियों में से प्रत्येक ने एक लाख रुपये का जमानती बांड भरा और इतनी ही राशि का मुचलका अदा किया।

जांच एजेंसी को उम्मीद है कि आरोपी को आय से अधिक संपत्ति के मामले में भी सजा दिलाई जा सकती है- जो करीब पांच करोड़ से ज्यादा की है। उक्त केस अभी सुनवाई की अवस्था में हैं। सुखराम की संपत्ति में जो पाया गया था, उनमें शामिल हैं-दिल्ली-गाजियाबाद सीमा पर एक बंगला, मंडी में दो मकान, करीब 12 एकड़ में फैला एक सेब का बागान तथा मंडी में मेफेयर होटल। करीब 10 लाख से ज्यादा की ज्वैलरी और करीब 7 लाख रुपये के फिक्स्ड डिपोजिट भी बरामद होने का दावा किया गया है। सुखराम के विरुद्ध

एक तीसरा मामला पोलीथिन इंसुलेटर के लिए 33 करोड़ रुपये के अनुबंध से संबंधित है जिसमें जेली से भरे हुए केबल के लिए रोहतक स्थित हरियाणा टेलीकॉम लिमिटेड को दिया था। इस मामले में अदालत ने आपराधिक साजिश और भ्रष्टाचार का आरोप तय किया था जिसमें कथित तौर पर अनुबंध देने के लिए कंपनी के चेयरमैन देवेन्दर सिंह चौधरी द्वारा 1995-96 में 3 लाख रुपये की रिश्वत ली गई थी।

सुखराम की सजा

–ट्रिब्यून

करोड़ों रुपये के घोटाले में दूरसंचार मंत्री सुखराम की सजा, भारत में न्याय की धीमी प्रक्रिया में मात्र एक महत्त्वपूर्ण पहला कदम है। वैसा मामला जिसमें दूरसंचार राज्य मंत्री रहते हुए सुखराम ने कथित तौर पर अपने पद का दुरुपयोग करके भारी मात्रा में धन तब कमाया, जब पी.वी. नरसिम्हा राव प्रधानमंत्री थे। बेशक श्री राव ने खुद भी कई मामलों में कोशिश की थी। हालांकि वह एक आजाद इंसान हैं, क्योंकि ज्यादातर मामलों में न्यायपालिका को उनके खिलाफ आरोप तय करने में अपर्याप्त सबूत मिले। यह एक ऐसा बिंदु हो सकता है, जहां सुखराम की सजा के आलोक में इसकी उपेक्षा नहीं की जा सकती क्योंकि यह एक राजनीतिक परिणाम था, जो कि नरसिम्हा राव की अल्पमत सरकार में देखने को मिला।

भारतीय जनता पार्टी ने दोनों सदनों में कार्यवाही को ठप्प कर दिया। वे सबूत, जिन्हें सीबीआई ने पूर्व मंत्री और अन्य के खिलाफ इकट्ठा किया था और आम जनता के हंगामे के कारण श्री राव को अपने मंत्रिमंडल से श्री सुखराम को हटाने के लिए बाध्य होना पड़ा। समान रूप से यह भी सत्य है कि वे लोग जो यह मानते हैं कि दागी नेताओं की पार्टी या सरकार में कोई भूमिका नहीं होनी चाहिए, उनके लिए यह तथ्य है कि श्री सुखराम को कांग्रेस से निष्कासित कर दिया गया। हालांकि सक्रिय सार्वजनिक जीवन से संन्यास लेने के बजाय सुखराम ने हिमाचल प्रदेश में एक क्षेत्रीय पार्टी बनाई, लेकिन विडंबना यह है कि भ्रष्टाचार के कलंक को ढोने वाली एक पार्टी जिसे संसद में अपने कर्तव्यों को निवर्हन करने की अनुमति नहीं दी गई, उसी पार्टी की हिमाचल में सुखराम के साथ राजनीतिक सौदेबाजी काफी फायदे वाला सौदा हो रहा है। सच कहें तो कांग्रेस को छोटे-से इस पहाड़ी राज्य में एक दागी राजनेता के

खिलाफ कार्रवाई करने के लिए भारी कीमत चुकानी पड़ी है। न्यायिक प्रक्रिया के साथ दोष यह है कि यह काफी धीमी है, लेकिन राजनीतिक प्रक्रिया के साथ दोष यह है कि यह सार्वजनिक मंचों से भ्रष्टाचार की निंदा करता है, लेकिन भ्रष्टाचारी नेताओं को प्रत्यक्ष और अप्रत्यक्ष तौर पर स्वच्छंद जीवन बनाए रखने में उनकी मदद करता है। ज्यादातर पार्टियों की राजनीति में वे सभी तरीके जायज लगते हैं, जो उन्हें सत्ता को हथियाने में मदद करते हैं। साधारण नागरिक के लिए वरिष्ठ नेताओं और नौकरशाहों की गिरफ्तारी ऊंचे स्थानों में भ्रष्टाचार पर हमले का प्रतीक है, लेकिन जब न्यायिक प्रक्रिया उन्हें दोषी साबित नहीं करती है, जैसा कि हवाला, जेएमएम और सेंट किट्स और मिस जयललिता के केस के मामलों में हुआ, वह व्यवस्था में विश्वास खो देता है। इसके साथ ही मामले की धीमी जांच और कोर्ट के सामने मामले की प्रस्तुति अन्य कई कारक भी हैं, जो शक्तिशाली लोगों के छूट जाने के लिए जिम्मेदार हैं।

यहां पर यह जानने का और कोई भी तरीका नहीं है कि मामले को कमजोर जान-बूझकर या अनजाने में किया गया है।

दूरसंचार घोटाले में सुखराम को तीन साल का सश्रम कारावास

–द हिंदू

...श्री जैन ने उदार सजा की मांग कर रहे बचाव पक्ष की उन दलीलों को खारिज कर दिया जिनमें कहा गया था कि सुखराम की उम्र 75 साल है और वे दिल के मरीज हैं, यह भी कि श्रीमती रूनु घोष के पति दिल की बीमारी के मरीज हैं और श्री राव के बेटे की शादी है। न्यायाधीश ने कहा, "यह संदेश दिए जाने की जरूरत है कि कोई कितना भी उच्च और शक्तिशाली क्यों न हो, वह कानून से अधिक शक्तिशाली नहीं है और यदि एक सरकारी सेवक भ्रष्टाचार में संलिप्त है, तो सजा इतनी कठोर होनी चाहिए कि उसे उस पल के लिए पछताने का अवसर मिले, जब उसने उस वर्जित फल को खाने का फैसला किया था।"

मामला संख्या-1

डीए मामले में सुखराम की 13 सालों की सुनवाई, जिसमें 6 स्पेशल जज और दो स्पेशल लोक अभियोजन पक्ष ने अपनी भूमिका निभाई, इसके बाद उन्हें दोषी पाया गया। इंडियन एक्सप्रेस को प्राप्त दस्तावेजों ने एक स्टोरी का खुलासा किया जिसमें यह बताया गया कि किस प्रकार से स्थगित बयानों, न्यायाधीशों

के परिवर्तनों और यहां तक कि पूर्व प्रधानमंत्री नरसिम्हा राव की मृत्यु के कारण निर्णय में विलंब हुआ।

- **9 जून, 1997:** सीबीआई ने स्पेशल अदालत में आरोप पत्र दायर किया।
- **5 मार्च, 2001:** स्पेशल जज अजित भरिहोक जिन्होंने बोफोर्स सहित कई हाई प्रोफाइल केसों का निबटारा किया था, उनका स्थानांतरण अतिरिक्त रेंट कंट्रोलर में कर दिया गया।
- **10 जुलाई, 2001:** नए स्पेशल जज आर. एल. चुग ने सुखराम के विरुद्ध आरोप नियत किया।
- **22 अगस्त, 2006:** पांच सालों के बाद सीबीआई ने अदालत में चल रही सुनवाई के क्रम में 66 दस्तावेजी सबूतों को पेश किया।
- **6 साल बाद- 30 अक्टूबर, 2001 से लेकर 13 अप्रैल, 2007 तक**

अदालत ने 64 गवाहों के परीक्षण में 42 दिन लगाए।

पी. वी. नरसिम्हा राव- 6 नवंबर, 2004 को एक अभियोजन गवाह के रूप में शपथ ली। 27 नवंबर को सवाल-जवाब के दौर को स्थगित किया गया, क्योंकि बीमार राव को अस्पताल में भर्ती कराना पड़ा। सुनवाई के कुछ दिनों पहले ही 23 दिसंबर को राव की मृत्यु हो गई।

- **3 सितंबर, 2006:** 79 वर्षीय अपने खराब स्वास्थ्य और उम्र का हवाला देते हुए सुखराम कोर्ट से मामले के शीघ्र निबटान के लिए अपील करते हैं। 19 सितंबर को उनके अनुरोध को ठुकरा दिया जाता है, क्योंकि कई पुराने मामले अभी लंबित थे... कोई प्राथमिकता नहीं दी जाती है निर्णय के खिलाफ सुखराम दिल्ली उच्च न्यायालय का रुख पकड़ते हैं।
- **नवंबर, 2006:** उच्च न्यायालय दो दिशाओं की ओर इंगित करते हुए कहता है, "संबंधित कोर्ट द्वारा मामले की जल्दी सुनवाई के लिए हर संभव प्रयास किया जाना चाहिए, साथ ही इसके लिए कोर्ट द्वारा अपनी सुविधाओं को देखते हुए एक महीने के प्रत्येक सप्ताह में दो घंटे इसे दिए जाने चाहिए।
- **13 अप्रैल, 2007:** विशेष न्यायाधीश की खुली कोर्ट पर पकड़ नहीं होती। बाद में उच्च न्यायालय को सूचित करते हैं कि आम तौर पर

वे शुक्रवार को मामले की सुनवाई नहीं करते, क्योंकि यह उनके ध्यान के लिए आरक्षित दिन होता है।

- **2 दिसंबर, 2008 से 17 फरवरी 2009:** 11 सुनवाइयों के बाद अंतिम बहस पूरी हुई। जिसके बाद अदालत ने अपना निर्णय सुरक्षित रखा।
- **25 फरवरी, 2009:** सुखराम को तीन साल की सश्रम कारावास की सजा सुनाई गई।
- **22 अप्रैल, 2009:** दिल्ली उच्च न्यायालय के जज विपिन संघवी ने सजा के खिलाफ अपील स्वीकृत की, सजा को अंतरिम आदेश से निलंबित किया।
- **14 मई, 2009:** सजा को निलंबित करने का अंतरिम आदेश पूर्ण हो जाता है, सीबीआई को अपील पर कार्यवाही करने के लिए नोटिस मिल जाता है।
- **28 मई, 2010:** अदालत मामले को ले लेता है। आगे की सुनवाई के लिए कोई तारीख अनुसूचित नहीं की जाती।

मामला नंबर-2

सुखराम के विरुद्ध दूसरा मामला जिसमें उच्च न्यायालय ने 1 फरवरी को अपना निर्णय सुरक्षित कर लिया था, वह भी 1996 से पहले का था, जब सीबीआई ने एक प्रथम सूचना रिपोर्ट दर्ज की थी।

सुखराम, जिस पर एक टेलीफोन उपकरण की खरीद के लिए अनुबंध के दौरान एआरएम प्राइवेट लिमिटेड को मदद करने और 1.68 करोड़ रुपये की हानि कराने का आरोप था। इसमें उसे दोषी पाया गया था और 5 जुलाई, 2002 को एक सेशन कोर्ट द्वारा सजा सुनाई गई थी।

इस मामले में भी अपील दायर करने के बाद सुनवाई का चक्र काफी धीरे-धीरे चला–

- **22 जुलाई, 2002:** दिल्ली उच्च न्यायालय में न्यायाधीश महबूब अली खान ने अपील स्वीकार की।
- **25 जुलाई, 2002:** उच्च न्यायालय ने उसकी सजा को निलंबित किया।
- **31 अक्टूबर, 2003:** उच्च न्यायालय की नियमित सूची में अपील दर्ज हुई।

- **12 दिसंबर, 2003:** सुखराम अतिरिक्त दस्तावेजों को जमा करने के लिए अतिरिक्त समय चाहता है।
- **14 मई, 2004:** दोनों पक्ष मामले को खत्म करना चाहते हैं।
- **2008 में**- सुखराम मामले की शीघ्र सुनवाई के लिए अपील दायर करता है। अपील स्वीकृत, फरवरी, 2009 को सुनवाई की तारीख निश्चित होती है।

मामला सुना जाता है न्यायाधीश ए. मुरलीधर द्वारा।

तीन सुनवाइयों के बाद मामला सितंबर, 2009 को बड़ी बेंच को हस्तांतरित किया जाता है।

वजह: क्योंकि मामला कानून के बड़े सवालों से जुड़ा हुआ है।

मामला रजिस्ट्रार को जाता है क्योंकि सुखराम अदालत और सीबीआई को समय पर कागजात उपलब्ध कराने में असफल रहता है।

रजिस्ट्रार द्वारा अक्टूबर, 2010 को मामला न्यायाधीश अनिल कुमार और एस. एल. भायानैन की डिवीजन बेंच को सौंपा जाता है।

बहस सुनी जाती है: जस्टिस एस. रविंदर भट्ट और जी. पी. मित्तल के बेंच द्वारा मामले की सुनवाई होती है। निर्णय 1 फरवरी, 2011 को सुरक्षित रखा जाता है।

जैसा कि संभावना है 2 जी स्पेक्ट्रम घोटाले में राजा और अन्य आरोपी भी उसी रास्ते पर हैं, जहां पहले सजायाफ़्ता दूरसंचार मंत्री थे, अधिकांश समय जेल में, पुलिस या न्यायिक हिरासत में।

न्यायालय के मामलों के निबटान में देरी

एक चौंकाने वाला रहस्योद्घाटन हुआ है जिसमें हत्या, बलात्कार, डकैती और अपहरण के मामलों में आपराधिक मामलों की सुनवाई 20 से भी ज्यादा वर्षों से लंबित होने पर सर्वोच्च न्यायालय ने नाराजगी की हालत में कहा–"आपराधिक न्याय व्यवस्था या तो ढह रही है या फिर ढह चुकी है।" सरकार के सॉलिसिटर जनरल गोपाल सुब्रह्मण्यम् इलाहाबाद उच्च न्यायालय के आंकड़ों को निराशाजनक और कमजोर बताते हुए कहते हैं, "जबकि यह प्रशासनिक रूप से अधीनस्थ न्यायालयों के लिए प्रधान है।"

सुब्रह्मण्यम् ने 2010 में बताया कि इलाहाबाद उच्च न्यायालय में 10,541 आपराधिक मामले रुके पड़े थे। इनमें से 9 प्रतिशत मामले तो 20 साल से भी ज्यादा समय से लंबित थे और 21 प्रतिशत मामले करीब दशक से भी ज्यादा

से। इसका मतलब यह हुआ कि 30 प्रतिशत जघन्य अपराधों की सुनवाई 10 साल से भी ज्यादा वर्षों तक लगातार जारी रखी गई। सर्वोच्च न्यायालय ने इन तथ्यों पर निराशा प्रकट करते हुए कहा कि उच्च न्यायालयों ने सुनवाई को रोके रखा और बाद में उन मामलों के बारे में सब कुछ भूल गए।

सर्वोच्च न्यायालय ने बार-बार अभियुक्तों के मौलिक अधिकारों के बारे में अपना फैसला दिया है कि शीघ्र और संतुलित सुनवाई हो व उचित निर्णय दिया जाए, ताकि समाज के लोगों की आवाज को वह सुन सके और अपराधियों को सजा दिला सके। इसी पृष्ठभूमि में खंडपीठ ने कहा, "यह दुख की बात है कि न्याय का प्रशासन इस अवस्था में आ चुका है। उच्च न्यायालय मामले की सुनवाई को रोकता है और फिर उसके बाद सब कुछ भूल जाता है। इसका मतलब है कि न्यायिक प्रशासनिक व्यवस्था को हम कड़वा बना रहे हैं। एक निष्पक्ष और त्वरित सुनवाई से किसी को भी वंचित नहीं किया जाना चाहिए। लेकिन पीड़ितों का क्या होगा? उस समाज का क्या होगा? जो यह अनुभव करता है कि गलत करने वालों का जल्द-से-जल्द सजा दी जानी चाहिए। इसी तरह की अवस्था में कहा जाता है कि न्याय में देरी हुई।"

भारत में गवाहों की दुर्दशा

स्वर्ण सिंह बनाम पंजाब राज्य के मामले में सर्वोच्च न्यायालय ने कहा-"एक आपराधिक मामले का निर्माण साक्ष्यों के भवन पर होता है, वे साक्ष्य जो कि कानून में स्वीकार्य हैं। इसके लिए प्रमाणों की जरूरत होती है, भले ही वह प्रत्यक्ष प्रमाण हो या फिर परिस्थितिजन्य सबूत हो। यहां गवाह वह है, जो सबसे अधिक परेशान है। आपराधिक सुनवाइयों के दौरान एक गवाह काफी दूर से आता है ताकि मामले के समाप्त कर्ताओं में अपनी भूमिका निभा सके। उसे सुनवाई के दौरान अदालत के कई चक्कर लगाने पड़ते हैं और वह भी किसकी कीमत पर- या तो खुद की या फिर अपने परिवार की कीमत पर, इसे समझना कोई मुश्किल नहीं है। अब आपराधिक मामलों को स्थगित किया जाना कम या ज्यादा- एक फैशन बन गया है, तब तक जब तक कि गवाह थककर छोड़ नहीं देता है। यह बेईमान वकीलों द्वारा किसी भी तरह से स्थगित ले सकने का एक खेल है। इसके लिए हर प्रकार का बहाना बनाया जाता है और फिर गवाह थक जाता है।

इतना ही नहीं, गवाहों को धमकी दी जाती है, उनका अपहरण किया जाता है, उन्हें अपंग किया जाता है या उन्हें रिश्वत दी जाती है। उनके लिए कोई सुरक्षा नहीं है। बिना किसी ठोस वजह के मामले को स्थगित करने के दौरान कोर्ट बिना वजह, मजबूरी में न्याय के गर्भपात का एक पक्ष बन जाता है, तब एक गवाह के साथ अदालत में सम्मानपूर्वक व्यवहार नहीं किया जाता है, तब वह अदालत से एक चपरासी द्वारा भीड़ में बाहर धकेल दिया जाता है। वह दिन-भर इंतजार करता है और तब उसे पता चलता है कि मामला स्थगित कर दिया गया। उसके बैठने के लिए कोई जगह नहीं होती है और एक गिलास पानी तक के लिए नहीं पूछा जाता और जब वह अदालत में प्रवेश करता है तो वह एक अनियंत्रित और लंबे समय तक चलने वाली परीक्षा से होकर गुजरता है व खुद को एक असहाय स्थिति में पाता है।

दूसरे और भी कई कारणों से, एक आदमी खुद को गवाह के रूप में लज्जित-सा अनुभव करता है। यह न्याय प्रशासन है जिसके लिए उसे भुगतना पड़ता है, तब एक गवाह के लिए उपर्युक्त आहार का पैसा तो दूर की कौड़ी के समान है। यहां फिर से उत्पीड़न की प्रक्रिया शुरू होती है और वह आहार के लिए पैसों को न लेने का फैसला करता है।

मामले की छानबीन के दौरान पुलिस के सामने दिए गए बयानों को कोई सबूत नहीं माना जाता है। दुर्भाग्यवश, प्रभावशाली लोगों से जुड़े मामलों में आम अनुभव यह है कि उनके भय और दबाव के कारण गवाह सामने नहीं आते हैं। जब सभी कुछ कहा और किया गया है, तो यह कहना जरूरी है कि जांच की गुणवत्ता और मामले का निष्कर्ष, गवाहों की गुणवत्ता और उनकी विश्वसनीयता पर निर्भर करता है। यहां पर उस पंजाबी कहावत का उल्लेख करना उचित होगा जिसके मुताबिक मिठाई की गुणवत्ता उसमें मिलाई गई चीनी की मात्रा पर निर्भर करती है।

सीबीआई की जांच और उसके परिणामों का यही सच है, जो न केवल सहयोग, बल्कि गवाहों की विश्वसनीयता पर भी निर्भर करता है, जो किसी भी मामला या मामलों के लिए एक जीवनशक्ति है।

दयानिधि मारन की भूमिका

दूरसंचार घोटाले की यह कहानी भी इसी ओर बढ़ती है जिसमें कई उद्योगपतियों के नाम या तो आ रहे हैं या फिर उछाले जा रहे हैं। इसी कहानी की कड़ी में आगे एक और मारन की कहानी भी सामने आ रही है। मारन भी संचार मंत्री थे, क्योंकि सीबीआई द्वारा कोई भी औपचारिक मामला या मामलों में दयानिधि मारन का नाम नहीं आया है इसलिए उन पर दर्ज मामला मीडिया रिपोर्टों पर आधारित है। जांच एक श्रमसाध्य कार्य है जिसमें कई जटिल रहस्यों को सुलझाना होता हैं। इसके अलावा हाईप्रोफाइल मामलों में जिसमें शक्तिशाली राजनेता शामिल होते हैं, उनमें सरकार का प्रयास अपने साथियों का समर्थन करना होता है। किसी भी संवैधानिक न्यायालयों के लिए इन मामलों का संज्ञान लेना काफी कठिन होता है। इस तरह के मामलों में प्रत्यक्ष या अप्रत्यक्ष दोनों तरह के दबाव को झेलना होता है। इस तरह से जहां तक कम-से-कम मेरा ख्याल है सीबीआई बॉस का काम अवांछनीय हो जाता है। मैं सीबीआई के वर्तमान बॉस के बारे में कुछ नहीं कह रहा हूं और न ही उनके लिए यह किसी संदर्भ में है। मैं जो कुछ कह रहा हूं, वह मेरे अनुभवों पर आधारित है।

हालांकि वर्तमान हालात में विभिन्न सरकारों को देखते हुए इसमें कोई आश्चर्य वाली बात भी नहीं है, क्योंकि सभी सरकारें चाहे वह राज्य की हो या केंद्र की, भ्रष्टाचार के मामले पर सभी मौन धारण किये रहना जानते हैं। यह तो मीडिया है जिसे निश्चित रूप से इसका श्रेय मिलना चाहिए, जो किसी भी प्रकार के भ्रष्टाचार को सामने लाने के लिए खड़ी रहती है और अपने कर्तव्यों को निर्वहन भी बखूबी कर रही है। जबकि सच्चाई यह है कि यहां पर अमेरिका की तरह कानून नहीं है जहां पर कांग्रेस को प्रेस की आजादी को रोकने के लिए कानून बनाने का अधिकार नहीं है। सबसे बडी गलती होती है एक आदमी को अपने आपको गिराना, जैसा कि संचार मंत्री का प्रधानमंत्री के साथ संवाद दिखाता है। सरकार को यह बात अपने ध्यान में रखनी चाहिए कि ईमानदारी कभी भी दोनों

ओर नहीं हो सकती है। ईमानदारी और बेईमानी के बीच कोई एक निश्चित सीमा नहीं होती है। बाहरी सीमा के साथ एक पक्ष के लिए एक सीमा तो होती ही है और वह जो इस खतरनाक धरातल पर चलने की कोशिश करता है, वह कभी तो एक साइड में होता है और कभी दूसरी साइड की ओर। राजनेताओं को इस अर्धसत्य के प्रति सावधान होना चाहिए। यह हो सकता है कि वे गलत और अध ूरे रास्तों पर अपनी पकड़ बनाए हों। यह सच है कि ईमानदारी अपनी कीमत मांगती है, लेकिन यह इतनी नहीं होती कि किसी को इसके लिए ज्यादा कीमत चुकानी पड़े। हमारे नेताओं को यह अवश्य ही याद रखनी चाहिए कि सच और झूठ के बीच सबसे बड़ा अंतर यह होता है कि झूठ के दिन गिने-चुने होते हैं।

सरकार कोटा वितरण या अपने विवेकाधीन कोटे का वितरण करके अपनी शक्तियों को बनाए रखती है। जब मैं कर्नाटक में अपनी सेवा दे रहा था तो वहां के एक मंत्री के साथ इस विषय पर एक दिलचस्प चर्चा हुई थी। वह परिवहन विभाग के प्रभारी थे, जो कार और स्कूटरों के आवंटन के लिए विवेकाधीन कोटा वितरित करता था। मैंने उनसे पूछा कि सरकारी कोटे के आवंटन का वह आधार क्या था जिस पर उन्होंने गाड़ियां वितरित की थीं। उन्होंने कहा कि यह उनके विवेक पर निर्भर है कि किसे गाड़ी देनी है और किसे नहीं। उन्होनें आगे कहा कि आखिर एक मंत्री होने का क्या लाभ यदि वह उन समर्थक लोगों के लिए कुछ नहीं कर सके जो कि दया या फिर नकद के रूप में उन्हें खुश करते हैं। मैं वास्तव में आपको वही याद दिला रहा हूं जिसकी 2 जी घोटाले के पहले और वर्तमान इस पुस्तक में विस्तार से चर्चा की गई है।

दयानिधि मारन दूरसंचार मंत्री थे। उनके द्वारा किया गया दावा और एक सदस्यीय शिवराज पाटिल समिति जो अभी कर्नाटक के लोकायुक्त हैं, उन्होंने जो कुछ कहा, उसे बिना किसी अतिरिक्त जोड़-घटा के नीचे दिया जा रहा है-

- **मारन का दावा**- यूएएसएल के वितरण में कतार से जंप वाली कोई बात नहीं हुई।

रिपोर्ट कहती है- कोलकाता में डिशनेट वायरलेस (मैक्सिस के अधिग्रहण के बाद) 2006 में कतार में भारती से आगे जंप कर पहुंची।

- **मारन का दावा**- सरकारी खजाने को कोई नुकसान नहीं हुआ।

रिपोर्ट कहती है- दिसंबर, 2006 से मार्च, 2007 के बीच 27 में से 26 लाइसेंसों को बिना किसी नीलामी के 2001 में प्रचलित कीमतों पर ही वितरित किया गया।

- **मारन का दावा**- आशय का पत्र उन्हीं को दिया गया, जो शर्तों को पूरा करते थे।

रिपोर्ट कहती है- मार्च और अप्रैल, 2004 में डिशनेट ने 10 सर्किलों के लिए आवेदन किया था। आशय का पत्र वितरित करने के लिए शर्तें सभी के लिए समान थीं। 21 अप्रैल, 2004 को सात लाइसेंस प्रदान कर दिए गए। 27 मई, 2004 को मारन ने दूरसंचार मंत्री के रूप में पदभार संभाल लिया। शेष तीन आवेदनों को उनके द्वारा लगभग तीन साल तक रोककर रखा गया। मार्च, 2005 में डिशनेट द्वारा चार और आवेदन पत्र जमा कराए गए जिन्हें मारन द्वारा लगभग एक साल तक रोककर रखा गया।

- **मारन का दावा**- नीति पारदर्शी थी।

रिपोर्ट कहती है- मारन ने यूएएसएल के लिए अस्पष्ट दिशा-निर्देश तैयार किए थे। सीएजी का कहना है कि इन दिशा-निर्देशों पर करीब 85 कंपनियां अयोग्य थीं, लेकिन फर्जी तरीके से इन्हें लाइसेंस आवंटन किया गया।

- **मारन का दावा**- एयरसेल का पक्ष नहीं लिया।

रिपोर्ट कहती है- यह सच नहीं है। मारन के मंत्री पद संभालने के 36 दिन के बाद एयरसेल को 7 लाइसेंस आवंटित किए गए। आवेदनों की प्रक्रियाओं को 45 दिन के अंदर आशय के पत्र और उन्हीं शर्तों के अधीन पूरा किया गया जिन पर मारन अपने कार्यकाल में प्रश्नचिह्न लगा चुके थे।

जून, 2011 में सीबीआई द्वारा तीन घंटे के पूछताछ के दौरान कथित तौर पर शिवशंकरन ने दस्तावेजों को दिखाते हुए यह साबित करने का प्रयास किया कि 2006 में लाइसेंस के लिए उसके आवेदनों को तत्कालीन दूरसंचार मंत्री मारन ने अस्वीकार कर दिया था। उनके द्वारा उपलब्ध कराए गए दस्तावेजों से यह साबित होता है कि मारन ने उसे एयरसेल में उसके 74 प्रतिशत हिस्सेदारी को सिंगापुर की कंपनी मैक्सिस को बेचने के लिए मजबूर किया जिसके मलिक टी. आनंद कृष्णन को मारन और उनके भाई कलानिधि का करीबी माना जाता है, जो चैन्नई के सन टीवी नेटवर्क के मालिक हैं। इस पूरे मामले की घटनाओं का क्रम निम्नानुसार है–

- शिवशंकरन ने 1998 में एयरसेल को आरंभ किया- डिशनेट के नाम

से चैन्नई और तामिलनाडु के लिए दो सर्किलों को खरीदा। बाद में दोनों को एक सर्किल के रूप में विलय कर दिया गया।

- 21 अप्रैल, 2004 को अरुण शौरी द्वारा 7 अतिरिक्त सी कैटेगरी का लाइसेंस दिया गया। डिशनेट 2005 में एयरसेल सेल्युलर बन गया।
- 31 दिसंबर, 2005 को शिवशंकरन ने एयरसेल और उसके 8 सर्किलों को मैक्सिस और प्रताप रेडी परिवार को 800 मिलियन डॉलर में बेच दिया। शिवशंकरन ने सीबीआई को स्पज़्ट रूप से बताया कि वह बेचने के लिए मारन ने उस पर दबाव दिया था।

मारन ने इस्तीफा देते हुए कहा था–''मैं निर्णय लेने में पूरी तरह से निज़्पक्ष था। मैंने किसी कंपनी का पक्ष नहीं लिया और न ही सरकारी खजाने को कोई हानि हुई। यहां तक कि सीएजी ने भी मेरे कार्यकाल में सरकारी खजाने की किसी प्रकार की हानि का कोई जिक्र नहीं किया है।''

हालांकि एक सदस्यीय समिति ने डिशनेट को मदद के लिए मारन को दोज़ी पाया। 2006 में कोलकाता सर्किल में डिशनेट वायरलेस (मैक्सिस के अधिग्रहण के बाद)पंक्ति में भारती से आगे कूद गया और 4.4 मेगाहट्र्ज आवंटित किया गया, जबकि भारती को केवल 2 मेगाहट्र्ज की जरूरत थी।

मैक्सिस के हुए इस लेन-देन में सन टीवी को सीधे तौर पर 725 करोड़ का लाभ हुआ। 5 अप्रैल, 2007 को मैक्सिस समूह की कंपनी एस्ट्रो ऑल एशिया नेटवर्क की वार्षिक रिपोर्ट कहती है कि सन डायरेक्ट में मैक्सिम ने 725 करोड़ रुपये निवेश किया। वह 17 मई, 2007 का दिन था, जब मारन को कार्यालय छोड़ने के लिए मजबूर किया गया।

एक सदस्यीय समिति कहती है कि एयरसेल का बाकी की 26 प्रतिशत हिस्सेदारी अपोलो समूह के रेड्डी द्वारा हासिल की गई। मलेशियन स्टॉक एक्सचेंज में मैक्सिस को एसई बर्सा मलेशिया के नाम से घोज़ित किया गया इसके बावजूद कि इसकी 74 फीसदी हिस्सेदारी एयरसेल में मौजूद है और उसकी 99.3 प्रतिशत आर्थिक हिस्सेदारी कंपनी में थी। शिवशंकरन द्वारा सीबीआई को जो विवरण उपलब्ध कराए गए हैं, उनमें वह मारन के लिए काम करने वाले अधिकारियों के कॉल रिकॉर्ड भी शामिल हैं। मारन के बचाव पर एक सदस्यीय समिति ने कहा है कि मारन ने जान-बूझकर डिशनेट के आवेदनों को रोककर रखा, औचित्यहीन सवालों को पूछा और एक बार जब मैक्सिम आ गया तो सभी बाधाओं को हटा दिया। यूएएसएल के लंबित करीब 14 आवेदनों

को, जो तीन साल से लंबित थे, उन्हें दिसंबर, 2006 में मात्र 9 दिन में आवंटित कर दिया गया।

मलिकाना पैटर्न पर सीबीआई ने मॉरिशस से दस्तावेजों को हासिल किया है। इसके साथ ही 15 कंपनियों के धन की जांच भी उसके दायरे में है।

जून, 2011 में सर्वोच्च न्यायालय में दायर एक हलफनामे में सर्वोच्च न्यायालय से अनुरोध किया गया है कि सीबीआई अपनी जांच के दायरे को और भी बढ़ाये और दूरसंचार मंत्री दयानिधि मारन की कथित भूमिका की भी जांच करे। जिस एनजीओ की जनहित याचिका पर सर्वोच्च न्यायालय मामले की सुनवाई कर रहा है, उसके वकील ने एयरसेल को यूएएसएल लाइसेंस देने में मारन की भूमिका की जांच करने के लिए सीबीआई को कहने के लिए गुहार लगाई है। उसने 23 मई, 2004 से 15 मई, 2007 के बीच मारन के कार्यकाल के बारे में मीडिया की उन रिपोर्टों को भी आधार बनाया है जिनमें कहा गया था कि मारन के खिलाफ अनियमितताओं का एक गंभीर मामला है। उसने उन मीडिया रिपोर्टों का भी हवाला दिया है जिनमें कथित तौर पर कहा गया था कि एयरसेल 2004 से ही लाइसेंसों की प्राप्ति के लिए इंतजार में था। हालांकि मारन ने जो उस समय दूरसंचार मंत्री थे, कथित तौर पर प्रक्रियाओं में जान-बूझकर देर की, जैसा कि आवेदन पत्र कहता है।

2006 में एयरसेल को अपनी हिस्सेदारी को बेचने के लिए मजबूर किया गया जिसें मैक्सिस समूह ने खरीदा जिसके मालिक मलेशिया के उद्योगपति बादशाह टी. आनंद कृष्णन थे। 74 प्रतिशत हिस्सेदारी मैक्सिस के पा लेने के बाद कंपनी ने मई, 2006 में एफआईपीबी अनुमोदन को पाया। अंत में दिसंबर, 2006 में एयरसेल ने 14 लाइसेंसों को हासिल किए।

इसके तीन महीनों के भीतर सन डायरेक्ट, जो मारन के परिवार का है, ने मैक्सिम समूह (एयरसेल) से प्र्याप्त मात्रा में निवेश हासिल किया। कुल मिलाकर दिसंबर, 2007 से लेकर दिसंबर, 2009 के बीच सन डायरेक्ट में इसने कुल 599 करोड़ रुपये का निवेश किया, जैसा कि वकील ने रिपोर्ट दी है। इसमें कहा गया है कि इस पूरे मामले की सीबीआई जांच की जरूरत है और इसका आदेश जारी किया जाए। इसके अतिरिक्त यह आरोप भी लगाया गया है कि मैक्सिस ने एफडीआई के सीमा का भी उल्लंघन किया।

आवेदन में यह भी पूछा गया है कि आखिर सीबीआई ने द्रमुक प्रमुख करुणानिधि उनकी पत्नियों राजाथी और दयालु अम्मल को 2 जी मामले

में आरोपी क्यों नहीं बनाया है, जबकि दोनों के खिलाफ पर्याप्त सबूत मौजूद हैं।

यह ध्यान देने की बात है कि मार्च, 2005 में दूरसंचार विभाग के सचिव ने एक नोट जारी कर कहा कि लाइसेंस जारी करने से पहले कारण बताओ नोटिस को ध्यान में लिया जाना चाहिए। तत्कालीन दूरसंचार मंत्री मारन डिशनेट वायरलेस, जो एयरसेल की सहयोगी कंपनी थी, उसे ब्लॉक करने के लिए अपने नियम बनाए जिसके मालिक सी. शिवशंकरन थे।

मार्च, 2006 में दूरसंचार विभाग द्वारा लगातार मांगे गए लगातार स्पष्टीकरणों के कारण शिवशंकरन का डिशनेट बाहर हो जाता है और उसे मलेशियन अरबपति और मारन परिवार के सहयोगी टी. आनंदा को बेच देते हैं।

न्यायमूर्ति शिवराज पाटिल, जो 2 जी घोटाले की जांच कर रहे थे, का कहना है कि दूरसंचार विभाग द्वारा मांगे गए कारण अस्पष्ट और अप्रासंगिक थे, साथ ही मारन ने नियमों में परिवर्तन किया और लाइसेंसों के आवंटन से कारण बताओ नोटिस वाले मुद्दों को अलग करते हुए उस कंपनी को लाइसेंस आवंटन किया जो आज मैक्सिस के स्वामित्व में है।

प्रवर्तन निदेशालय इस बात की जांच कर रहा है कि क्या सन डायरेक्ट में हिस्सेदारी के लिए मलेशियन कंपनी द्वारा दिया गया प्रीमियम बाजार मूल्य के मुताबिक था या नहीं। सन डायरेक्ट के शेयरों की उस समय जो कीमत मौजूद थी, क्या उससे अधिक कीमत देकर कुछ अतिरिक्त खेल तो नहीं हुआ था, प्रवर्तन निदेशालय का यही मानना है।

प्रवर्तन निदेशालय उस दर को भी देखेगा, जो कपड़ा मंत्री मारन और उनके भाई ने अपनी हिस्सेदारी बढ़ाने के लिए भुगतान की थी।

मारन ने एयरसेल के प्रमोटर को मजबूर करने के आरोपों से भी इंकार किया है। उन्होंने कहा– ''यह मेरे खिलाफ एक राजनीतिक षड्यंत्र था। जब मैक्सिस का सौदा तय हुआ, उस समय मैं राजनीतिक वनवास में था। शिवशंकरन एक अरबपति है और उसे कोई भी कुछ करने को मजबूर नहीं कर सकता। यह दुखद है कि मीडिया मेरे बारे में फैसला करना चाहता है। मैं कभी भी किसी को कुछ भी गलत करने के लिए मजबूर नहीं कर सकता। यहां तक कि 2007 से 2009 के बीच मैं मंत्री भी नहीं था। मैं मात्र एक सांसद था। आखिर शिवशंकरन ने दबाव की राजनीति के बारे में तब शिकायत क्यों नहीं की? और अब क्यों ?'' "उस समाचार पत्र का क्लिपिंग जो मैंने आपको दी

है, उससे स्पष्ट रूप से यह साबित होता है कि यह कंपनी एयरसेल तब से दौड़ में थी, जब मैं मंत्री नहीं था...।'' ज्यादातर टेलीविजन चैनल यही कहानी दिखा रहे हैं कि मैने मजबूर करने की कोशिश की और जबरदस्ती एक आदमी को अपने व्यवसाय की हिस्सेदारी बेचने को मजबूर किया।''

हालांकि मारन ने इस्तीफा दे दिया है, लेकिन सीबीआई ने शनिवार 8 अक्टूबर, 2011 तक मारन के खिलाफ कोई औपचारिक मामला दर्ज नहीं किया है। भविष्य में ऐसा हो सकता है, क्या किसी को ऐसा लगता है?

अक्टूबर के पहले सप्ताह में मीडिया में आई एक रिपोर्ट के अनुसार सीबीआई इन निम्नलिखित तथ्यों को भी देख रही है, जो खुद में अपनी व्याख्या करते हैं–

- **सीबीआई मारन से फोन कॉल्स विवरणों के बारे में पूछताछ करती है।**
- **दूरसंचार विभाग से यह जानना चाहती है कि आखिर सन टीवी का कार्यालय उनके घर पर क्यों सेट अप किया गया?**

टाइम्स न्यूज नेटवर्क

सीबीआई ने दूरसंचार विभाग से मारन के घर पर लगाए गए कथित तौर पर अवैध रूप से 300 टेलीफोन कनेक्शनों के बारे में विवरण की मांग किया है, जो एक टीवी चैनल के कार्यालय से जुड़े थे जिसके मालिक मारन के भाई हैं।

जांच एजेंसी जिसने मामले की जांच पिछले दिनों आंरभ की है, उसने उन दस्तावेजों की मांग की है जिसके तहत इस आईएसडीएन लाइनों को लगाया गया था, जो भारी मात्रा में आंकड़ों को ले जाने की क्षमता रखते हैं।

सीबीआई ने दूरसंचार विभाग को उन तकनीकी विवरणों को मुहैया कराने को कहा है जिसके तहत सन टीवी कार्यालय और मारन के आवास को कथित तौर पर इन लाइनों से जोड़ा गया था।

करीब चार साल से हो रही शिकायतों के बाद सीबीआई ने इन आरोपों की औपचारिक तौर पर जांच आरंभ की है जिसमें कथित तौर पर यह आरोप लगाया गया था कि मारन ने अपने घर को एक टेलीफोन एक्सचेंज के रूप में बदल लिया था, ताकि उनके भाई के स्वामित्व वाले सन टीवी में आंकड़ों का स्थानांतरण किया जा सके।

सीबीआई सूत्रों के मुताबिक, ये सभी 323 आवासीय टेलीफोन लाइनें बीएसएनएल के महाप्रबंधक के नाम से थी, जो कि मारन के बोट हाउस स्थित आवास और सन टीवी के कार्यालय के बीच भूमिगत केबल से जुड़े हुए थे।

सूत्रों ने बताया कि जांच एजेंसी ने 2007 में टेलीकॉम सचिव से इस मामले में कार्यवाही करने की सिफारिश की थी, लेकिन विभाग ने कथित तौर पर इसकी मंजूरी नहीं दी।

सीबीआई ने आरोप लगाया है कि इन लाइनों को जो मध्यम से बड़े वाणिज्यिक उद्यमों के लिए इस्तेमाल की जाती हैं, इनमें खास सुविधाएं होती हैं जिसमें वीडियो कॉन्फ्रेसिंग से लेकर भारी मात्रा में डिजिटल आंकड़ों को स्थानंतरित किया जाता है। इसके लिए भारी रकम भुगतान करनी होती है, सन टीवी के लिए यह लगभग सस्ते में दिया गया था।

यह कहा गया है कि यह आभासी टेलीफोन एक्सचेंज इस प्रकार से तैयार किया गया था जिसके बारे में कुछ खास बीएनएनएल अधिकारियों को छोड़कर किसी को भी इसके बारे में जानकारी नहीं थी।

सीबीआई ने आरोप लगाया है कि चोरी के इन केबल को इस प्रकार से लगाया गया था जिससे यह लगे कि तत्कालीन मंत्री मारन के घर के लिए हैं, लेकिन वास्तव में यह सन टीवी के कार्य के लिए लगाया गया था।

विनाश

अंततः विनाश ने सोमवार, 10 अक्टूबर, 2011 को मारन को दबोच लिया, जब सीबीआई ने पूर्व टेक्सटाइल्स मंत्री और द्रमुक नेता दयानिधि मारन के चैन्नई स्थित आवास पर छापेमारी की।

उन्होंने बताया कि बोट हाउस स्थित उनके आवास पर छापेमारी एयरसेल मैक्सिस सौदे को लेकर की गई थी जिसने मारन को संकट में डाला था और जिसके कारण उन्हें केंद्रीय मंत्रिमंडल से अपना पद भी छोड़ना पड़ा था।

सीबीआई ने दूरसंचार विभाग से कहा है कि वह सन टीवी और मारन के आवास को जोड़ने वाली कथित तौर पर लाइनों के बारे में भी सभी तकनीकी जानकारी प्रदान करने को कहा है।

एजेंसी के सूत्रों के अनुसार, 323 आवासीय लाइनों को बीएसएनएल के जनरल मैनेजर के नाम पर कथित तौर पर अपने कार्यकाल के दौरान दूरसंचार मंत्री के आवास बोट हाउस और सन टीवी के कार्यालय को जोड़ने के लिए भूमिगत केबल लगाए गए थे।

एजेंसी ने उनके भाई कलानिधि मारन, मैक्सिस के मालिक टी. आनंद कृष्णन्, वरिष्ठ अधिकारी राल्फ मार्शल और तीन कंपनियों मैक्सिस, एस्ट्रो और सन टीवी को भी अपराधिक षड्यंत्र और भ्रष्टाचार निरोधक एक्ट के तहत आरोपी बनाया है।

मामला दर्ज करने के बाद एजेंसी ने मारन बंधुओं के दिल्ली और चैन्नई स्थित आवासों की तलाशी ली।

सीबीआई ने मारन बंधुओं, राल्फ मार्शल और टी. आनंदकृष्णन और तीन कंपनियों के विरुद्ध भारतीय दंड संहिता की धारा 120 बी, 13-बी, 13-1-घ तथा भ्रज़्टाचार निरोधक अधिनियम की धारा 7 और 12 के तहत 9 अक्टूबर को एक मामला दर्ज किया।

एक अन्य सीबीआई रिपोर्ट कहती है कि मारन बंधुओं के दिल्ली, चैन्नई और हैदराबाद स्थित आवासों पर छापे डाले गए। सीबीआई ने 2 जी स्पेक्ट्रम घोटाले के सिलसिले में तीनों ष्टाहरों में पूर्व केंद्रीय मंत्री दयानिधि मारन, उसके भाई और अपोलो अस्पताल के निदेशक के परिसरों पर छापेमारी की। मारन बंधुओं के खिलाफ प्रथम सूचना रिपोर्ट भी दर्ज की गई।

पूर्व दूरसंचार मंत्री दयानिधि मारन के अलावा उनके भाई और सन टीवी के प्रमोटर कलानिधि मारन, अपोलो अस्पताल के कार्यकारी निदेशक सुनीत रेड्डी और सन टीवी के कार्यालयों पर भी छापेमारी की गई।

दयानिधि मारन सीबीआई की जांच के अधीन हैं, क्योंकि एक उद्योगपति सी. शिवशंकरन द्वारा एक शिकायत उनके खिलाफ दर्ज करायी गई है जिसमें आरोप है कि उनकी मोबाइल कंपनी एयरसेल को बाहर निकालने के लिए मारन ने मजबूर किया था।

शिवशंकरन ने आरोप लगाया कि एयरसेल टेलीकॉम को लाइसेंस नहीं दिया गया और अपने स्वामित्व/हिस्सेदारी को मलेशिया के मैक्सिस समूह के टी. आनंद कृष्णन् को बेचने के लिए मजबूर किया गया।

उसी दिन एक अन्य प्रेस रिपोर्ट छपी जो निम्न है–

- **सीबीआई छापेमारी के कारण पार्टी और परिवार ने दयानिधि मारन से दूरी बनाई।**

पूर्व केंद्रीय मंत्री दयानिधि मारन के निवास और 6 स्थानों पर सीबीआई अधिकारियों द्वारा छापेमारी के बीच में जिसमें चैन्नई स्थित सन टीवी का कार्यालय भी शामिल है, मारन बंधुओं से द्रमुक और करुणानिधि परिवारों ने दूरी बनाना आरंभ कर दिया है।

एयरसेल मैक्सिस सौदे को लेकर सीबीआई ने दयानिधि, उनके भाई और सन टीवी नेटवर्क के निदेशक कलानिधि मारन के खिलाफ प्रथम सूचना रिपोर्ट दर्ज करने के बाद सोमवार को सुबह सात बजे छापेमारी की कार्रवाई आरंभ की।

सहायक पुलिस अधीक्षक दिल्ली के रवि गंभीर के नेतृत्व में 6 अधिकारियों का एक दल जिसमें एक महिला भी शामिल थी, दयानिधि मारन के घर पर गया। गेट पर मौजूद सुरक्षा गार्ड ने उन्हें अंदर जाने से रोका। करीब 20 मिनट के बाद जब एक नौकरानी के लिए गेट खुला तब अधिकारी घर के अंदर पहुंचे।

ऐसा लगता है कि मारन पर पार्टी नेताओं और करुणानिधि परिवार के सदस्यों की कोई सहानुभूति प्रकट नहीं होती है। जबकि करुणानिधि के बड़े

बेटे एम.के. अलागिरी खुलेआम मारन का विरोध करते हैं, वहीं करुणानिधि के छोटे बेटे एम.के. तामिलारासु ही एकमात्र वह शख्स है, जो सोमवार को मारन के घर मिलने गया। पार्टी के कार्यकर्ताओं ने भी उस जगह से दूरी बनाए रखी। पार्टी अध्यक्ष करुणानिधि और खजांची एम.के. स्टालिन स्थानीय निकायों के चुनाव प्रचार को लेकर अभी त्रिची में हैं। एक पूर्व डीएमके मंत्री ने टाइम्स ऑफ इंडिया को बताया– ''हमने नेताओं को एक संदेश दे दिया है। जैसे ही वे त्रिची में होटल मुस्कान में पहुंचेंगे, उन्हें हमारा संदेश मिल जाएगा। '' इसके पहले करुणानिधि ने टिप्पणी करते हुए कहा था कि मारन में अपने दम पर हर बात का सामना करने की क्षमता है।

सूत्रों ने बताया कि करुणानिधि मारन की रक्षा करने में ज्यादा दिलचस्पी लेंगे, इसकी संभावना कम है। एक वरिज़्ठ द्रमुक सांसद ने कहा,''दयानिधि मारन के कारण पार्टी को काफी नुकसान उठाना पड़ा है। उनका मानना है कि कई सारी परेशानियों का जड़ मारन ही हैं। इसलिए वे घटनाओं को चुपचाप देखेंगे।''

सूत्रों ने बताया कि कलानिधि मारन और उनकी पत्नी कावेरी कलानिधि मारन पिछले सप्ताह दिल्ली में थे। ''कलानिधि के बच्चे आज सुबह चैन्नई पहुचे हैं और वे स्कूल गए हैं। हम नहीं जानते कि मालिक कहां है।'' उनके चालक ने बताया।

इसी समाचार पत्र में पाठकों द्वारा की गई टिप्पणियों को ज्यों-का-त्यों दिया जा रहा है, सिवा इसके कि सीबीआई किसी भी कार्रवाई से पहले होमवर्क पूरा करती है।

'' मारन बंधुओं के घरों और कार्यालयों पर की गई छापेमारी महज एक दिखावा है। वे वहां से कुछ भी बरामद नहीं कर सकेंगे, क्योंकि उन्हें गायब करने या नज़्ट करने के लिए पर्याप्त समय दिया गया था। जनता चुपचाप सब कुछ देख रही है। जब तक सीबीआई को चुनाव आयोग की तरह एक स्वायत्त संस्था नहीं बनाया जाता है, असली अपराधी बचते रहेंगे और किसी और को बलि का बकरा बनाते रहेंगे। इन छापों के दौरान अपराधियों को पर्याप्त समय दिया गया है, ताकि वे सभी सबूतों को नष्ट कर सकें और झूठा रिकॉर्ड बना सकें। इसके पहले जहां टीवी घोटाले में 200 करोड़ रुपये घूस लिया गया था, उसे लोन का नाम दे दिया गया। कांग्रेस की यह बाई सिर्फ अपने मालिक की आवाज है और कुछ भी नहीं होगा। हमने अपने देश में कभी भी किसी भी

पार्टी के नेता को आज तक दंडित होते नहीं देखा और सीबीआई के छापे से कुछ भी नहीं होने वाला है। इस देश में 2 जी घोटाले से जुड़े किसी भी व्यक्ति को कुछ नहीं होगा। क्या बिना डीएमके के समर्थन के यूपीए जीवित रह पाएगा? यह पूरा कयावद एक बेकार का सार्वजनिक शो है, जो सिर्फ इसलिए उन्हें उत्पीड़ित कर रहे हैं, क्योंकि लूट का हिस्सा सभी को नहीं मिला है। यहां तक कि विरोधियों को भी नहीं। एक बार जब साझेदारी का कोई सहमति का सूत्र बन जाएगा, सभी एक हो जाएंगे। इसलिए मैसर्स मारन बंधुओं, राजा, करुणानिधि और सभी संलिप्त लोगो! खुश हो जाओ, क्योंकि यह भी नाटक सत्ताधारी पार्टी से नियंत्रित सीबीआई का एक तमाशा है। कांग्रेस आज जो कुछ कर रही है, उसका एकमात्र मकसद धीरे-धीरे लेकिन निश्चित रूप से इन सभी घोटालों को मार डालने का है, ताकि अगले चुनाव तक इनका नामोनिशान नहीं रहे। यह उसका इतिहास बोफोर्स से ही रहा है, जो कि प्रत्यक्ष या अप्रत्यक्ष रूप से विदेशी के नेतृत्व में होता रहा है। घोटालों की सूची: 2 जी, राष्ट्रमंडल खेलों, केजी बेसिन, आदर्श हाउसिंग, कश्मीर रक्षा भूमि, मुंबई फुटपाथ, विदेशी घरेलू आतंकवादी हमलों पर वरीयता, अन्ना की गिरफ्तारी, रामदेव की गिरफ्तारी, रामलीला मैदान में निर्दोष लोगों पर हमला, गुजरात सरकार में भट्ट तिल का ताड़ के रूप में, कश्मीर में वोट के लिए नोट घोटाला, 2008 में वोट के बदले नोट घोटाला, रेलवे, गोवा खनन, केरल तेल, सीवीसी थॉमस, राजशेखर रेड्डी घोटाला, आंध्र प्रदेश, ब्लैक मनी आदि-आदि के रूप में ।

अंत में सीबीआई मारन के घर क्या खोजने के लिए गई है...नट-बोल्ट या फिर टेलीफोन के टूटे हुए तार। ये दुनिया के सबसे चतुर लोग हैं, जो तब तुम्हारी आंखों को धोखा दे सकते हैं, जब तुम बिल्कुल जगे हों। यह कोई कड़ा सौदा नहीं है। यह काफी समय पहले हो चुका है। मारन बंधु कोई राजा नहीं है। उनके पास पर्याप्त समय था, चीजों को सही करने के लिए। मुझे कोई भी आश्यर्च नहीं होगा, यदि सीबीआई वहां से खाली हाथ लौटती है। सीबीआई एक जोकरों का समूह है जिसे कोर्ट ने कितनी बार लताड़ लगाई है, लेकिन वे बहुत ही बेशर्म हैं, लेकिन सुब्रह्मण्यम् स्वामी और भूषण के कारण हम यहां तक आ पहुंचे हैं। मारन पर छापेमारी बहुत कम और काफी देर से किया गया मामला है। अब कोई आश्चर्य नहीं रहा, मारन के इस्तीफे के बाद पूरा शहर इंतजार कर रहा था कि औपचारिकता पूरा करने के लिए ही सही सीबीआई आए और छापेमारी करे। अब सीबीआई एक वफादार सेवक की तरह 30 मिनट

तक उसके गेट पर इंतजार करती रही, जब तक उन्हें अनुमति नहीं दी गई। इतना समय पर्याप्त था घर के अंदर रखे दस्तावेजों को जलाने के लिए यदि मारन बंधु बेवकूफों ने कुछ छोड़ दिया होगा तो प्रेस में बयान सुझाव देंगे कि कई दस्तावेज बरामद हुए हैं, भले ही इनकी कोई उपयोगिता नहीं होगी, यह भी कि एक लैपटॉप और उनके बेशकीमती पीसी हैं, भले ही वह कभी काम नहीं करता हो।

मारन बंधुओं और उनके पिता मुरासोली मारन ने राजनीति में बड़े भ्रष्टाचारों को आरंभ किया है। द्रमुक जैसी नास्तिक पार्टी ने भाजपा के साथ गठबंधन किया था और केंद्र में शासन भी किया। क्या तुम्हें पता है किसलिए? सिर्फ लूट के लिए भाजपा के साथ इसने गठबंधन किया था। क्या आपको पता है कि मुरासोली मारन को कौन-सा मंत्रालय मिला था?, वह उद्योग मंत्रालय था, ताकि वह बिना किसी निशान के खूब लूट सकें। लूट के कुछ वाकये हैं सीमेंट के कारोबार में, भारतीय चाय उद्योग में, लाइसेंस और अनुमोदन में। मुरासोली मारन ने सार्वजनिक क्षेत्रों के सीएमडी पदों पर अपनी पसंद के लोगों को बैठाने में भी काफी पैसा बनाया। उसने सार्वजनिक क्षेत्र के एक निदेशक कार्मिक को बीईएमएल के सीएमडी के रूप में नियुक्त किया था। आप एक कार्मिक विभाग के किसी शख्स की इंजीनियरिंग उद्योगों के प्रबंध अधिकारी के रूप में कल्पना कर सकते हैं। संयुक्त राज्य अमेरिका में लोग नये उत्पादों को खोजकर पैसा बनाते हैं-बिल गेट्स सॉफ्टवेयर, स्टीब आई पॉड, फोर्ड कार में आदि लेकिन भारत में लोग राजनीति के माध्यम से पैसा बनाते हैं। पैसा बनाने का यह तरीका सोमालिया के समुद्री डाकुओं की तरह का ही है। ऐसे नेता राष्ट्र को लूट रहे हैं और देशद्रोह कर रहे हैं क्योंकि वे देशभक्त नहीं है। इन लोगों को मौत की सजा से दंडित किया जाना चाहिए। यदि भ्रष्टाचार को वैसे ही छोड़ दिया गया तो भारत एक और सोमालिया बन जाएगा। अब इन ठग और गुंडों पर कार्यवाई करने का क्या लाभ? पैसा तो पहले ही चला गया है। इन ठगों और गुंडों को कुछ समय के लिए जेल में डाल दोगे, लेकिन ये फिर बाहर आयेंगे, चुनाव लड़ेंगे और फिर से वही जीवन जारी रखेंगे। न्याय में देरी का मतलब है न्याय से वंचित करना।

चिदंबरम की भूमिका

वित्त मंत्रालय के नोट के मुताबिक जिसे वित्त मंत्री के विचार होने से इंकार किया जा रहा है, सच यह है कि जब सर्वोच्च व्यक्ति दस्तावेज पर दस्तखत करता है तो वह स्वत: उसका विचार हो जाता है।

2 जी घोटाले से संबंधित वित्त मंत्रालय का वह नोट, जो मीडिया में प्रकाशित हुआ और चिदंबरम की भूमिका पर प्रकाश डालता है, वह निम्न है और यह सर्वोच्च न्यायालय में भी रखा गया है–

सर्वोच्च न्यायालय को वित्त मंत्रालय द्वारा सौंपे गए उस दस्तावेज के मुताबिक दूरसंचार मंत्रालय 2 जी स्पेक्ट्रम लाइसेंस की नीलामी के लिए आगे बढ़ा, क्योंकि वित्त मंत्री पी. चिदंबरम ने इस पर जोर दिया था।

25 मार्च, 2011 को प्रणव मुखर्जी की अध्यक्षता में वित्त मंत्रालय द्वारा प्रधानमंत्री कार्यालय को एक ज्ञापन दिया गया जिसमें यह सुझाव दिया गया था कि वित्त मंत्री पी. चिदंबरम और जेल में बंद पूर्व दूरसंचार मंत्री ए. राजा ने संयुक्त रूप से 2008 में 2 जी स्पेक्ट्रम लाइसेंस का मूल्य निर्धारित किया था।

उक्त दस्तावेज जनता पार्टी के नेता सुब्रह्मण्यम् स्वामी ने न्यायमूर्ति जी. एस. सिंघवी और न्यायमूर्ति ए. के. गांगुली की एक पीठ के समक्ष दायर किया था।

वित्त मंत्रालय के एक अधिकारी डॉ. पी.जी.एस. राव ने प्रधानमंत्री को भेजे पत्र के कवर नोट पर लिखा था कि मुखर्जी द्वारा देखा गया था।

स्वामी जो स्पेक्ट्रम के मूल्य निर्धारण में कथित तौर पर दोज़ के लिए चिदंबरम के खिलाफ जांच की मांग कर रहे हैं और उनकी दलील है कि सीबीआई लाइसेंस आवंटन में सरकारी खजाने को होने वाली हानि के लिए सिर्फ राजा को पकड़ा गया है।

स्वामी की दलील है कि स्पेक्ट्रम के मूल्य निर्धारण के लिए चार बैठकें हुईं और अंतिम बैठक में प्रधानमंत्री के साथ चिदंबरम और राजा भी बैठक में मौजूद थे।

स्वामी द्वारा रखे गए दस्तावेज में कहा गया है कि एक नोट को तत्कालीन वित्त मंत्री चिदंबरम द्वारा प्रधानमंत्री को 15 जनवरी, 2008 को भेज गया था जिसमें स्पेक्ट्रम की नीलामी पर चर्चा की गई थी, लेकिन उसके संदर्भ में आरंभ के तर्क को दिया गया था।

इसके अलावा यह कहा गया है कि 30 जनवरी, 2008 को चिदंबरम और राजा के बीच बैठक हुई जिसमें तत्कालीन वित्त मंत्री चिदंबरम ने नोट किया था, ''वह अब प्रवेश शुल्क या राजस्व के शेयरों के लिए मौजूदा व्यवस्थाओं के लिए दोबारा कोई चर्चा नहीं चाहते हैं।''

साथ ही नोट ने विभिन्न कारणों से स्पेक्ट्रम की नीलामी के विकल्प को कई कारणों से खारिज कर दिया।

2 जी स्पेक्ट्रम घोटाले में यह आरोप था कि लाइसेंसों को नीलाम करने के बजाय मामूली कीमतों पर पहले आओ पहले पाओ के आधार पर 2001 की कीमतों का आधार बनाकर बेच दिया गया और सरकारी खजाने को नुकसान पहुंचाया गया।

दस्तावेज कहता है कि हालांकि वित्त सचिव ने 4.4 मेगाहट्र्ज के आरंभिक स्पेक्ट्रम को फरवरी, 2008 में नीलामी के लिए सुझाव दिया था, लेकिन दूरसंचार मंत्रालय इसके लिए तैयार नहीं था और कहा गया कि यह स्तरों को बाधित करेगा और वर्तमान में आशय का पत्र प्राप्त कर चुके धारकों, जो प्रवेश शुल्क अदा कर चुके हैं, उनके साथ मुकदमेबाजी की लड़ाई आरंभ हो सकती है।

यह कहता है कि दूरसंचार विभाग का कहना था कि 4.4 मेगाहट्र्ज -2 जी के लिए रेडियो तरंग और लाइसेंस के लिए प्रारंभिक शुल्क समझौते का एक हिस्सा था और आरंभिक प्रवेश शुल्क स्पेक्ट्रम के वास्तविक मूल्य के रूप में लगाया जा सकता था।

दूरसंचार विभाग यूएएस लाइसेंस को रद्द करने के लिए 5.1 की धारा को लागू कर सकता था, यदि वित्त मंत्रालय ने 4.4 मेगाहट्र्ज स्पेक्ट्रम की नीलामी पर अडिग रहती। दस्तावेज कहता है कि शायद इसके बाद कुछ मुकदमों के परिणाम सामने आ सकते थे।

वित्त मंत्रालय के दस्तावेज आगे यह भी कहते हैं कि चिदंबरम और राजा के बीच 29 मई, 2008 और 12 जून, 2008 को आगे बैठक हुई थी।

इसके बाद 4 जुलाई, 2008 को प्रधानमंत्री की अध्यक्षता में एक बैठक हुई थी, जिसकी वित्त सचिव की 6 जुलाई, 2008 के नोट में चर्चा भी है, तब

तत्कालीन वित्त मंत्री चिदंबरम और दूरसंचार मंत्री राजा स्पेक्ट्रम के प्रयोग के शुल्क में बढ़ोत्तरी और बेस कीमतों के आधार पर स्पेक्ट्रम की कीमतों -266 करोड़ रुपये प्रति मेगाहर्ट्ज और 6.2 मेगाहर्ट्ज से ऊपर के लिए मौजूद आवंटियों के एसबीआई पीएलआर सुधार पर सहमत थे ।

हालांकि दस्तावेज के अनुसार प्रवेश शुल्क के संधोधन के मुद्दे पर बैठक में चर्चा नहीं हुई।

दस्तावेज में उल्लेख किया गया है कि पूर्व वित्त मंत्री स्पेक्ट्रम के भविष्य में स्पेक्ट्रम के आवंटन के लिए एक नीलामी की प्रक्रिया को अपनाने की सिफारिश की, यह कहते हुए कि पूर्व में हुए आवंटन का अध्याय बंद हो चुका है।

सिफारिश स्पेक्ट्रम के प्रयोग के शुल्क के संदर्भ में थी और प्रवेश शुल्क से संबद्ध नहीं थी।

वित्त मंत्रालय के दस्तावेज का कहना था, '' इस प्रकार से यह स्पष्ट है कि वित्त मंत्रालय और दूरसंचार विभाग में वर्ष 2008 के प्रथम छमाही में इस बात पर सहमति थी कि 2 जी स्पेक्ट्रम के शुल्क के लिए जो फार्मूला था, वह एसबीआई के पीएलआर पर आधारित था जिसमें 6.2 मेगाहर्ट्ज से ऊपर के स्पेक्ट्रम के आवंटन विचार के अधीन था। 2007-08 में 2 जी स्पेक्ट्रम के लाइसेंसों का आवंटन कीमतों में 6.2 मेगाहर्ट्ज से ऊपर नहीं जाना चाहिए। इस विषय पर दोनों मंत्रालयों में सहमति थी।''

इसमें आगे कहा गया है कि लाइसेंस और 2 जी स्पेक्ट्रम आवंटन के मुद्दे पर लेखा परीक्षा को लेकर आर्थिक मामलों के विभाग की रिपोर्ट की टिप्पणियां 11 अगस्त, 2010 को लेखा परीक्षक के महानिदेशक को भेजा गया।

''यह वित्त मंत्री के पास जानकारी के लिए पहली बार रखा गया, जबकि इसकी प्रतियां 5 जनवरी, 2011 को प्रधानमंत्री कार्यालय में कैबिनेट सचिव को प्रेषित की गईं।''

शनिवार, 8 अक्टूबर, 2011

जिस प्रकार से भ्रष्टाचार हमारे देश में फैल रहा है और यह अनियंत्रित हो चुका है, हम कह सकते हैं कि यह हमारे लिए एक आकस्मिक नहीं बल्कि स्थायी आगंतुक बन चुका है।

यदि कोई सबूत चाहिए तो उसे भी मुहैया कराया जा चुका है, पिछले कुछ सालों में भारत में भ्रष्टाचार ने सारी सीमाओं को लांघ दिया है।

यह 2 जी घोटाला इतना बड़ा है कि स्वतंत्र भारत में हुए अभी तक के सभी घोटालों के बराबर है।

कहा जा सकता है कि आजाद भारत के लोगों ने लूटने में ब्रिटिश द्वारा 200 सालों में की गई लूट को भी पीछे छोड़ दिया है।

भारतीय स्वतंत्रता विधेयक-1947 का विरोध करते हुए चर्चिल ने कहा था, ''पावर दुज़्टों, बदमाशों और नीमहकीमों के हाथ में चली जाएगी, सभी भारतीय नेता नौसीखिया होंगे और लोग भूसे के समान। उनकी जुबान तो मीठी होगी लेकिन दिल-दिमाग से वे मूर्ख होंगे। वे गरीब और बेवकूफ जनता को झूठे वायदे करेंगे और उन्हें मूर्ख बनाएंगे। लोगों की समस्याओं से निबटने में वे बेशर्म होंगे। वे सत्ता के लिए आपस में लड़ेंगे और भारत राजनीतिक तकरार में खोकर रह जाएगा। न्याय एक मजाक बनकर रह जाएगा। एक दिन आएगा, जब भारत में हवा, पानी और यहां तक कि सामान्य नमक पर भी कर लगाया जाएगा।''

ब्रिटिश शासन के दौरान भ्रष्टाचार एक बड़ा मुद्दा नहीं था और आजादी की जीत के लिए वह भी एक सहभागी था इसलिए वह या तो भूल गया या इसके बारे में चर्चा नहीं की, हालांकि उनकी टिप्पणी को तब भारतीय नेताओं ने आलोचना की थी।

यद्यपि गलत रूप से हमने उनकी आलोचना की, लेकिन सच यह है कि आज आजादी के 64 सालों बाद या तो उन नेताओं के वंशजों के द्वारा या नये आए नेताओं द्वारा उनकी टिप्पणियां सही साबित हो रही हैं।

भारत में जीवन के सभी क्षेत्रों में भ्रष्टाचार ने अपनी जड़े जमा ली हैं और कानून का शासन गरीबों पर ही लादा जाता है। यहां घूस के बिना कुछ भी नहीं चल सकता है। यहां तक कि सर्वोच्च न्यायालय ने भी 10 अक्टूबर, 2010 को निरीक्षण के बाद कहा,''यह बहुत दुर्भाग्यपूर्ण है कि देश में भ्रज़्टाचार पर कोई नियंत्रण नहीं है। बड़े पैमाने पर भ्रष्टाचार है... पैसे के बिना कुछ नहीं होता...।''

कोर्ट ने कहा, ''क्यों नहीं सरकार भ्रष्टाचार को वैध बना देती है, ताकि हर काम के लिए एक खास राशि तय हो जाए। हमारा कहना है कि यदि कोई आदमी एक काम को कराना चाहता है तो उससे कहा जाए कि उसके लिए उसे 2500 रुपये देने हैं। इस प्रकार से प्रत्येक व्यक्ति यह तो जान जाएगा कि उसे कितना घूस देना है। इस तरह से हर आदमी को पहले ही पता हो जाएगा और अधिकारियों द्वारा किसी प्रकार की सौदेबाजी के लिए जरूरत नहीं होगी।''

यही कारण है कि भ्रज़्टाचार के खिलाफ अन्ना हजारे के धर्मयुद्ध को आम आदमी का इस प्रकार से भारी समर्थन मिल रहा है। यहां लोगों को न केवल अपने अस्तित्व के लिए बल्कि अपनी आजीविका के लिए भी घूस देनी पड़ती है। भारत के लोगों का गुस्सा आज हर गली और सड़कों पर दिख रहा है और यह खतरनाक स्तर तक पहुंच गया है।

तकनीकी स्तर पर सरकार सही है कि संसद को कानून बनाने का कर्तव्य है, लेकिन इसका मतलब यह नहीं है कि लोगों को अपने विचारों को व्यक्त करने का कोई अधिकार नहीं है खासकर तब जब सरकार भ्रष्टाचार पर नरम पड़ चुकी है और वह अपील और बचाव वाले मार्गों की कई परतों को खड़ा करने पर तुली हो।

जब सरकार कहती है कि लोकपाल भ्रष्टाचार समाप्त नहीं करेगा तो यह सही है, क्योंकि यह उस पर निर्भर करता है कि वह न्यायिक प्रणाली और जांच एजेंसियों को सभी जरूरी चीजें जैसे मानव शक्ति, उपकरण आदि मुहैया कराती है या नहीं, ताकि मामले महीने में ही खत्म हो जाएं, दशकों में नहीं। फिर से जांच एजेंसियों जैसे सीबीआई और राज्य पुलिस को जब तक मजबूत नहीं बनाया जाएगा और उन्हें एक संवैधानिक स्थिति प्रदान नहीं की जाती, शायद ही भ्रष्टाचार पर नियंत्रण हो पाएगा। सरकार हमेशा से कानून, कार्यकारी निर्देश, औपचारिक और अनौपचारिक दोनों के माध्यम से नियंत्रित करती है। यह स्पष्ट कारण है कि कोई भी राज्य सरकार जिसमें केंद्र सरकार भी शामिल है, कभी भी पुलिस सुधार के लिए सहमत नहीं होती है जिसे सर्वोच्च न्यायायल ने बाध्यकारी बताया है।

भ्रष्टाचार हमारे देश में खत्म होता नहीं दिखता है। वास्तव में यह हमारे देश के आर्थिक विकास दर की तुलना में तेजी से बढ़ रहा है।

हैरानी की बात है कि सरकार भ्रष्टाचार के खिलाफ लड़ाई में जनता के समर्थन का स्वागत करने के बजाय वह बरगला रही है और तकनीकी रूप से यह बता रही है कि केवल संसद को कानून पारित करने का अधिकार है। इस पर किसी को शक नहीं है और न ही कोई इस पर सवाल खड़ा कर रहा है, लेकिन लोगों को यह अधिकार है कि वह शासन से पूछ सकें कि उन्हें क्या चाहिए और क्या नहीं।

भ्रष्टाचार पर अंकुश लगाने का दबाव काम कर रहा है, इसका सबूत है उत्तर प्रदेश में लोक आयुक्त द्वारा अभियोग लगाए जाने पर एक मंत्री ने इस्तीफा

दे दिया। सरकार दोहरी जुबान बोल रही है। वर्तमान में एक हिरण की हत्या और भ्रष्टाचार दोनों के लिए सजा एक ही है। यदि सरकार सोचती है कि भ्रष्टाचार को वह भी समाप्त करना चाहती है तो फिर भ्रष्टाचार के खिलाफ कठोर कानून बनाने में अनिच्छुक क्यों है? सरकार एक बहाने की तलाश कर रही है जिसमें यह कहा जा रहा है कि कानून केवल संसद द्वारा ही पारित किया जा सकता है। इससे इंकार कौन कर रहा है! कोई नहीं, सिवा इसके कि संसद ही कानून बना सकती है।

केंद्रीय गृह मंत्री कहते हैं, ''असली मुद्दा यह है कि कानून कौन तैयार करता है? यदि संसद के संप्रभु अधिकारों में कोई कटौती की जाती है तो यह सबसे दुःखद दिन होगा। मैं इस तर्क को स्वीकार करता हूं कि एक सशक्त लोकपाल विधेयक पास होना चाहिए, लेकिन मैं इस तर्क को अस्वीकार करता हूं कि केवल जनलोकपाल बिल ही पास होना चाहिए। वास्तव में इस प्रकार की सोच सरकार की विश्वसनीयता पर प्रश्नचिह्न लगाती है, क्योंकि उच्च प्रोफाइल के राजनेता चाहे वह चारा घोटाला है, या फिर आदर्श हाउसिंग घोटाला या 2 जी घोटाला आदि सभी में से किसी को भी कभी सरकार ने किसी जांच एजेंसी को नहीं सौंपा है। वह तो संवैधानिक न्यायालय है जिसने इन मामलों को सीबीआई को दिया और खुद निगरानी करती है।

सरकार की तो बात हीं छोड़िए, कोई भी राजनेता आज तक जेल के अंदर नहीं गया है, चाहे वह पार्टी या पार्टियां सरकार में हो या नहीं। यदि कार्यकर्ताओं की मांग पर लोकपाल बिल पास हो जाता है, तब भी यह उनके दुखों को जिसे वे झेल रहे हैं, उसका एक निशान भी नहीं होगा, कारण स्पष्ट है कि कमजोर कानून में पूर्ण खामियों की वजह से उनके पास बच निकलने के लिए पर्याप्त रास्ते मौजूद हैं।

गरीब-से-गरीब लोगों के लिए न्याय की जिम्मेदारी उठाने के बदले केंद्र सरकार ने न्यायपालिका को मजबूत करने की जिम्मेदारी राज्यों पर डाल दी है। एक बीमार और लगभग अल्प रूप वाली कमजोर न्यायपालिका हमारे कानून निर्माताओं को सूट करती है जिनमें से लगभग एक तिहाई, 542 में से 153 एक या अन्य कई मामलों में शामिल हैं।

यहां तक कि जहां पर लोकायुक्त नियुक्त किया गया है, उनकी हैसियत भी उन डराने वाले कौवों की तरह है जो सिर्फ औपचारिकता पूरी करने के लिए होते हैं। दिल्ली में लोकायुक्त की रिपोर्ट जो एक मंत्री की बर्खास्तगी को लेकर थी, उसे कूड़ेदान में डाल दिया गया।

हालांकि उत्तर प्रदेश और कर्नाटक सरकार ने लोक आयुक्त की रिपोर्ट पर काम किया है। भारत में भ्रष्टाचार की समाप्ति के लिए हमें वह कानून चाहिए, जो यथार्थ के धरातल पर हो, न कि विधि आयोग के द्वारा जिसके सदस्य कभी भी किसी ट्रायल कोर्ट का दौरा नहीं किए होते हैं, ताकि न्यायाधीशों और गवाहों की हालत से वाकिफ हो सकें।

यह अजीब है, लेकिन सच है कि विधि आयोग में कभी भी कोई पीड़ित या आरोपी या किसी ट्रायल कोर्ट के न्यायाधीश की जांच नहीं की गई है, ताकि यह पता चल सके कि किस प्रकार के पुराने और विरोधाभासी कानूनों और प्रक्रियाओं से न्याय के वितरण में बाधा पहुंच रही है।

कभी कोई सार्वजनिक आदमी विधि आयोग के एक सदस्य के रूप में नियुक्त नहीं किया गया है, जबकि यह जनता ही है, जो दोषपूर्ण न्यायप्रणाली से सबसे ज्यादा प्रभावित होती है।

प्रत्येक वह कानून, जो राज्य विधानसभा या संसद द्वारा पारित किया गया है, वह उस राज्य और इंस्पेक्टर राज्य की भूमिका को बढ़ावा देता है और एक आम आदमी के जीवन को पीड़ापूर्ण और खराब बनाता है। अब तक जितने भी कानून बनाए गए हैं, वे नागरिकों में कुल मिलाकर एक अविश्वास का वातावरण बनाते हैं। आज हालत यह है कि किसी भी सरकारी विभाग में जाने का मतलब है आपकी पॉकेट का हल्का होना, वह भी उन सेवाओं के लिए जो कि आपका अधिकार है। अन्ना हजारे का विरोध जब तक चल रहा अच्छा है, और एक बढ़िया शुरुआत भी है। हालांकि यह अधिक दूर तक नहीं जा सकेगा। किसी भी विरोध प्रदर्शन से अधिक वहां की सरकार को यह याद रखना जरूरी है कि वह देश ही आगे जा पाता है, जो कुछ करने के लिए साहस रखता है। देश में विकास के लंबे-चौड़े वायदे किए जाते हैं, लेकिन प्रत्येक भारतीय जिस चीज से परिचित है– वह है भ्रष्टाचार। देश अब इसका जवाब चाहता है, आखिर वह कब तक इसे झेलेगा।

यहां पर मेरे कुछ मित्र हैं, आइए देखें कि वे इस मुद्दे पर क्या सोचते हैं। जाहिर है किसी परेशानी से बचने के लिए उनका अनाम रहना ही जरूरी है।

" आजादी के बाद पहला आमरण अनशन करने वाले श्री रामालू (उम्मीद है कि इस नाम के बारे में मेरी स्मृति और उच्चारण सही है) थे, जो कि आंध्र प्रदेश के गठन के लिए किया गया था। श्री रामालू के मरने के बाद नेहरू को झुकना पड़ा। इस प्रकार यह भारत में एक स्थापित परंपरा बन गई। सैद्धांतिक रूप से अगर देखा जाए तो लोकतांत्रिक रूप से चुने हुए प्रतिनिधियों

के इन विरोधों से प्रतिरक्षा के लिए कुछ मूल्य होते, अगर उन्हें अपने मतदाताओं के प्रति कुछ भी अपनी जिम्मेदारियों का अहसास होता।''

इंग्लैंड जैसे द्वीप का उदाहरण जो इस संदर्भ में सही माना जा सकता है, लेकिन यह भारत के लिए सही नहीं हो सकता, जहां कि 70 प्रतिशत से अधिक जनता सरकार की पहुंच से बाहर रहती है और वे राज्य से अपने संबद्ध होने का दावा नहीं कर सकते हैं। संसद भी दूर-दराज है, तब आखिर उपाय ही क्या है, जब संसद खुद ही आत्मसंतुष्ट हो। भारतीय परंपरा यह है कि जनता उसकी पूजा करती है, जो व्यक्ति सार्वजनकि हित के लिए बलिदान करता है। प्रधानमंत्री अन्ना हजारे की आलोचना करते हैं, लेकिन खुद यह नहीं कहते कि आखिर वे करना क्या चाहते हैं? कई प्रख्यात न्यायविदों ने कहा है कि आत्महत्या करने के प्रयास को अपराध के कानून की पुस्तक से मिटाया जाना चाहिए।

क्या सरकार के किसी भी प्रवक्ता ने इस बहस को समझा है? वे सभी हजारे की गिरफ्तारी को सही ठहराने की कोशिश कर रहे हैं, लेकिन यह कभी नहीं बता रहे हैं कि गिरफ्तारी आत्महत्या से रोकने के लिए की गई थी। औपनिवेशिक काल में भी यही प्रावधान अस्तित्व में था, लेकिन तब देश ने महात्मा गांधी के खिलाफ इस तर्क का स्वीकार नहीं किया। यहां इसको स्वीकार किया जाना चाहिए कि अन्ना के अनशन को देश के उन लोगों का भारी समर्थन हासिल था जिन्हें सरकार के भ्रष्टाचार को समाप्त करने के लिए दृढ़ संकल्प पर विश्वास नहीं था।

कानून और व्यवस्था बनाए रखने की सरकार की कार्यकारी जिम्मेदारी को वह भ्रष्टाचार के खिलाफ लड़ने की दृढ़ संकल्प वाली अपनी नैतिक जिम्मेदारी को लोगों को समझा पाने में असफल रही।

यहां यह महत्त्वपूर्ण है कि प्रधानमंत्री को आखिरी पल में इलेक्ट्रॉनिक मीडिया और प्रेस सम्मेलनों के माध्यम से भ्रष्टाचार के मुद्दे पर बोलने की याद आई जिसमें भ्रष्टाचार से अधिक सार्वजनिक चिंताओं की विशेष रूप से चर्चा थी। समस्या के कार्यकारी आयामों पर ज्यादा ध्यान देकर उसके नैतिक आयामों की उपेक्षा करना मुद्दे को और भी खराब करना होगा।''

यदि ऐसा नहीं किया गया तो इससे यह संदेश जाएगा कि हमेशा की तरह से सरकार इस मुद्दे को हल्के ढंग से ले रही है और इस उम्मीद में है कि अतीत के घोटालों की तरह लोग 2जी घोटाले को भी भूल जाएंगे।

■■■

www.ingramcontent.com/pod-product-compliance
Ingram Content Group UK Ltd.
Pitfield, Milton Keynes, MK11 3LW, UK
UKHW021658190726
13853UKWH00001B/347